Psychologie

Wilhelm Bitter
Der Verlust der Seele
Band 333 · · 240 Seiten 2. Aufl.

Joachim Bodamer
Der Mann von heute
Band 171 182 Seiten 2. Aufl.

Hermann Dobbelstein
Aus der Sprechstunde eines Psychiaters
Band 370 192 Seiten

Viktor E. Frankl
Psychotherapie für den Laien
Band 387 · 186 Seiten 3. Aufl.

Viktor E. Frankl
Der Mensch auf der Suche nach Sinn
Band 430 · 160 Seiten

Josef Goldbrunner
Sprechzimmer und Beichtstuhl
Band 227 128 Seiten 2. Aufl.

in der Herderbücherei

Psychologie

Christa Meves
Manipulierte Maßlosigkeit
Band 401 140 Seiten 8. Aufl.

Christa Meves
Wunschtraum und Wirklichkeit
Band 433 · 160 Seiten 2. Aufl.

Christa Meves / Joachim Illies
Lieben – was ist das?
Band 362 128 Seiten 4. Aufl.

Fritz Leist
Gesundheit und Krankheit der Seele
Band 310 188 Seiten

Paul Tournier
Geborgenheit – Sehnsucht des Menschen
Band 399 ·· 240 Seiten 2. Aufl.

in der Herderbücherei

Herderbücherei

Band 444

Über das Buch

Langeweile, innere Leere, Hektik ohne Sinnrichtung, Verlust einer letztgültigen Bestimmung des Lebens: das sind Kennzeichen des heutigen Menschen geworden. Scheinbare Erfüllung wird gesucht in geschäftiger Betriebsamkeit, im Massentourismus, im Drogenkonsum, in politischer Aktivität, kurzum in Flucht vor der Realität. Kann dem Menschen in dieser Situation überhaupt geholfen werden?

Roman Bleistein zieht in diesem Originaltaschenbuch das Resümee aus seinen Erfahrungen als Tourismusseelsorger und bietet seine Hilfe an. Dauerhaftes Glück kann nur aus der Tiefe einer letzten Sinngebung des Lebens kommen. Die Kanäle dorthin sind für den heutigen Menschen verstopft. Aber es gibt Wege, die zu einer neuen Sinnfindung und Orientierung des Lebens führen. Das Überzeugende an diesem Bändchen ist, daß sein Verfasser praktische psychagogische Übungen anbietet, die vor allem in Freizeit und Urlaub praktiziert werden sollten und aus dieser Sackgasse herausführen helfen.

Über den Autor

Dr. Roman Bleistein SJ, geb. 1928 in Aschaffenburg. Dort Besuch des hum. Gymnasiums. 1944–1945 Luftwaffenhelfer. 1948 Abitur. Eintritt in die Gesellschaft Jesu. Studium der Philosophie am Berchmannskolleg/Pullach, Studium der Theologie an der Hochschule St. Georgen/Frankfurt, Priesterweihe 1960. Studium der Pädagogik, Psychologie und Soziologie an der Universität München. Promotion zum Dr. phil. 1965. Seitdem Mitarbeiter der „Stimmen der Zeit“. Seit 1968 persönlicher Referent von Prof. Karl Rahner. Mitglied der Kath. Arbeitsgemeinschaft Urlaubsseelsorge; Sachberater der Synode; Lehrbeauftragter an der Hochschule für Philosophie/München.

Roman Bleistein

Therapie der Langeweile

Herderbücherei

Originalausgabe
erstmals veröffentlicht als Herder-Taschenbuch

Imprimi potest. – Monachii, die 29 nov. 1972
Heinrich Krauss SJ
Praep. Prov. Germ. Sup. SJ

Herder Freiburg · Basel · Wien
Herder Druck Freiburg im Breisgau 1973
ISBN 3-451-01944-2

Inhalt

II. SITUATIONEN UND WEISUNGEN

Vorwort

Wie die Dioskuren trifft man „Freiheit“ und „Freizeit“ immer mehr miteinander an. Vielleicht vereinigt sie mehr der sprachliche Gleichklang als die Nähe der in ihnen gemeinten Wirklichkeiten, zumindest für den unkritischen Betrachter der heutigen Zeit. Dennoch haben Freiheit und Freizeit so viel miteinander zu tun, daß man sich auf sie einlassen muß, um von ihnen her der Langeweile gewahr zu werden, einer Langeweile, die wieder einmal zum Charakteristikum des Menschen geworden ist, nachdem sie zur Zeit A. Schopenhauers und S. Kierkegaards es schon einmal gewesen war. Damals, in den Nachwirkungen der Französischen Revolution, sank die überlegen-spielerische Lebensart des Adels ab in den Lebensbereich des Bürgers, der angetreten war, Freiheit, Gleichheit und Brüderlichkeit zu gewinnen. Heute ist die Freizeit schon so demokratisiert, daß die Zeitgenossen mit der aufklärerischen Freiheit, mit dem neuen Arbeitsstil keineswegs auch einen neuen Lebenssinn übernommen haben. Die Langeweile signalisiert, daß es mit der Humanität der Industriegesellschaft nicht zum besten bestellt ist.

Was soll man angesichts dieser Situation zuerst tun? Nach Arkadien fliehen, um dort in schönem, weltabgewandtem Spiel die Muße wieder zu finden? Oder sich an die sozialen Mißstände ob ihrer politischen und humanen Bedeutsamkeit heranmachen und sie zu beseitigen suchen? Wo findet heute zuerst der Mensch seine Humanität – für sich und andere? Gewiß nicht in den Extremen, weder dem eines ästhetischen Musensohnes noch in dem des arbeitsbesessenen Stachanow. Der Platz des Menschen ist in der Mitte. Um den Platz der Mitte verteidigen zu können, muß er zuvor die Balance in sich gefunden haben. Die humanen Gewichte, mit denen die Balance hergestellt wird, heißen Sinn und Kult; im christlichen Vokabular lautet das Gleiche: Glaube und Eucharistie.

Sinn und Kult, Glaube und Eucharistie können mehr die soziale und die politische Wirklichkeit verändern, als der nur politisch Engagierte in seiner Ahnungslosigkeit vermutet. Die Einübung in Sinnerfahrung und die Fähigkeit zu Fest und Feier wirken dort politisch wie Dynamit, wo engagierte, autonome Menschen sich ihrer unterziehen; denn sie formen einen Menschen, der sich mit vorletzten Antworten und unerträglichen gesellschaftlichen Situationen nicht zufriedengeben kann. Dieser Mensch hat ein Selbstverständnis und eine Motivation für sein soziales Engagement gefunden, die jenseitigen Ursprunges sind und deshalb absolut verpflichten. „An einen Gott glauben heißt die Frage nach dem Sinn des Lebens verstehen. An einen Gott glauben heißt sehen, daß es mit den Tatsachen der Welt noch nicht abgetan ist. An Gott glauben heißt sehen, daß das Leben einen Sinn hat" (L. Wittgenstein)[1].

Ausgehend von diesen Positionen, ist die Absicht des Bändchens eine doppelte, einmal mehr theoretisch die Probleme um Freizeit, Tourismus, Arbeit, Langeweile, Gesellschaft und Kirche darzustellen, zum anderen praktisch eine „Therapie der Langeweile" in psychagogischen Anweisungen zu entfalten. Letzteres stellt gewiß einen ersten Versuch dar. Trotz seiner Mängel hilft er hoffentlich manchen Menschen, einen erfüllenden Lebenssinn zu finden und in diesem Sinn jene Lebensbejahung zu begründen, aus der Hoffnung und Freude für ihn und andere erwachsen.

München, 20.11.1972 *Roman Bleistein*

I. PROBLEME UND SACHEN

Wer es unternimmt, die Langeweile, ein Charakteristikum des modernen Menschen, zu untersuchen, trifft damit auf das Geflecht eines sozusagen unterirdischen Wurzelstocks, der unter dem deftig sprießenden und gedeihenden Geschäft um Freizeit, Urlaub und Tourismus sich weit verzweigt. Langeweile hängt zusammen mit den den Menschen immer wieder beschäftigenden Fragen nach der Zeit, nach dem Wert, nach dem Sinn der Welt und des eigenen Lebens überhaupt. Ein sehr nebensächliches Phänomen, von der psychologischen Wissenschaft noch kaum entdeckt, wird damit zum Brennpunkt all jener Probleme, die eine aufgeklärte Menschheit als unwichtig abtut. Es scheint zur boshaften Psycho-Logik von seelischen Prozessen zu gehören, daß ungelöste zentrale Fragen des Menschen sich in den unwichtigsten Nebensächlichkeiten erneut und dann allerdings unabweisbar zu Wort melden.

Diese Ausführungen, die unter dem Titel „Probleme und Sachen" stehen, kreisen alle mehr oder weniger um die Langeweile und versuchen von je anderen Ausgangspunkten her – aus geschichtlichen Zusammenhängen, in psychologischen Erklärungen, mit philosophisch-theologischen Überlegungen und durch pädagogische Orientierungen – jene „Therapie der Langeweile" vorzubereiten und zu begründen, die im II. Teil expliziert werden soll.

1. Das verdrängte Gemüt

Gemüt und Gefühl sind arg in Mißkredit geraten. Mit Ablehnung und Achselzucken gebraucht man die beiden Worte. Man steht den als irrational qualifizierten Anmutungserlebnissen irgendwie hilflos gegenüber. Wo man hilflos ist, gibt man sich souverän; man tut so, als ginge einen der ganze Bereich des Emotionalen nichts an. Das ändert wenig an der Tatsache: Gemüt und Gefühl werden heute verdrängt.

Leider tragen die Bildungspläne, die Curriculumforschung, das politische Engagement der Neuen Linken und die kühle Distanz, die Intellektuellen anscheinend erst Achtung verschafft, nicht dazu bei, den Notstand zu beheben. Das Geschrei um Bildungschancen und um den Numerus clausus lenkt nur ab. So mußte es geschehen, daß ein an sich zweitrangiges Phänomen des Kulturbetriebs, Buch und Film „Love Story“, das verdrängte Gemüt an den Tag brachte, es sozusagen rehabilitierte und darin zugleich die anthropologischen Vorentscheidungen politischer wie intellektueller Fronten offenlegte; denn die sonst eher vorsichtig taktierenden Kritiker (man hat ja sein Gesicht zu wahren, d.h., man darf sein eigentliches Gesicht nicht zeigen!) kamen aus ihrem gut verschanzten Hinterhalt.

Die Kritiker teilten sich in zwei Lager. Die einen hielten den Mangel jeglichen politischen Bewußtseins, der der amerikanischen Jugend in „Love Story“ bescheinigt wurde, für eine unvergebbare Sünde wider den Zeitgeist. Wie kann ein Mensch heute noch leben, ohne die Worte: Veränderung der Gesellschaft, spätkapitalistisches System, ausbeuterischer Spätkapitalismus wie das Om-mani-padme-hum der Buddhisten stets vor sich hinzumurmeln? Die anderen Kritiker stellten erfreut fest, die Leute hätten endlich die Pornographie und Brutalität satt, hätten von Nackten und Toten zu viel abbekommen und erklärten die hohen Leser- und Besucherzahlen von „Love Story" als ein Votum für eine „heile Welt".

Vermutlich werden beide Urteile dem Anliegen nicht gerecht, das in der Entscheidung für Gemüt und Gefühl sichtbar wird. Beide sind in ihren anthropologischen Vorentscheidungen kurzgeschlossen. Denn die Frage lautet doch: Welche Aufgabe haben in unserer verwalteten, geplanten, kybernetischen Welt das Märchen, das Spiel, das Symbol, der Traum? Kann man sie zu Überbleibseln einer spätkapitalistischen Gesellschaft abwerten? Kann man geringschätzig sagen: sentimentalische Nachwehen einer längst vergangenen Zeit? Oder gehören sie so zum Wesen des Menschen, daß eine Gesellschaft ins Abseits gerät und eigentlich das soziale wie demokratische Spiel abgepfiffen werden müßte, wenn für die Wirklichkeit: Märchen und Traum kein Sinn mehr aufzubringen ist? Die Grundfrage lautet demnach: Wer steht heute mehr auf der Seite der Humanität: jener, der ihretwegen mit dem Maschinengewehr auf die Barrikaden steigt, der prügelt und sich prügeln läßt – oder jener, der für ein fließendes Gleichgewicht von Verstand und Gefühl plädiert und dem Menschen zur Integration des Gefühls verhilft? Sind dies überhaupt die Alternativen? Ist es möglich, hier noch zu versöhnen?

Um ein erstes, vorläufiges Verständnis für die Abwertung der Emotionalität zu gewinnen, muß man an das Credo des modernen Menschen erinnern, das in seinem ersten Glaubenssatz bekennt: Ich glaube an die Machbarkeit aller Dinge. Ein Bekenntnis des Stolzes, nicht der Demut. Dieses Bekenntnis wird dort gewiß fragwürdig, wo es mit den „irrationalen Faktoren" der Seele konfrontiert wird, die Gemüt, Gefühl, Erfahrungen von Transzendenz und „Sehnsucht nach dem ganz anderen" (M. Horkheimer) heißen. Solche Erfahrungen bieten einem verplanten und selbstherrlichen Menschen die entscheidenden Korrekturen; deshalb verdrängt er sie als unerwünscht. Sie ermöglichten ihm aber Ethos und Ethik, Werte und Werterfahrungen, Religion und Glaube. Wo dem Menschen aber die Erfahrung seines Geheimnischarakters abhanden kommt, kommt er sich selbst abhanden. Der seelische Notstand deutet sich dort an, wo man statt einer geprägten Emotionalität nur Sentimentalität registriert und wo eine in Drogen fabrizierte Transzendenz den Geschenkcharakter des Daseins verdrängt.

„Gefühle sind Rohstoff", schreibt Max Frisch in sein „Tagebuch"[1]. Echte Gefühle signalisieren immer, daß der Mensch in seiner unteilbaren Existenz in Frage gestellt ist, daß er in letzten und ihn endgültig betreffenden Situationen steht: er ist erschüttert, er ist außer sich, er ist „wie weg“, es hat ihn einfach „erschlagen“. Sätze des Volksmundes, die etwas Gewaltiges beschreiben. Sentimentalität dagegen ist nichts anderes als die periphere Neugier, die im Naschen nach einem Quentchen „Ekstase“ sich aufregt, aufplustert und in Szene setzt. Ein Make-up von Erregung, aufgetragen wie Rouge auf ein bleiches Gesicht. Kein Wunder, daß bei solcher Nebensächlichkeit der Sentimentale von einer Sensation zur anderen eilt, während der im Gefühl Betroffene sein Widerfahrnis erst bewältigen und austragen muß. Sentimentalität wird fabriziert, wie der Star-Rummel, die große Show und der „Hit der Woche“ beweisen. Echtes Gefühl dagegen ereignet sich nur in Konfrontation mit der Wirklichkeit, in ihrer Ganzheit und in ihrem totalen Anspruch. Ist es übertrieben, wenn man für den heutigen Menschen diagnostiziert: Die exaltierte Sentimentalität unserer Tage offenbart nicht nur Oberflächlichkeit, sie zeigt einen moralischen und damit zutiefst menschlichen Notstand an?

Der psychische Notstand mangelnder Ansprechbarkeit ist nämlich zugleich ein ethischer und ein religiöser. Gemüt und Gewissen haben, wie der Psychologe Albert Wellek aufwies, miteinander zu tun. Im Bild gesprochen: sie sind teilweise dekkungsgleich. Daraus folgt: Der Mangel an gültigen ethischen Setzungen wird im letzten auch zu einem emotionalen Problem. Der Begriff der Schuld geht verloren, wo die Wahrnehmung des Unrechten, des Bösen und des Guten und des Gerufenseins vor ein absolutes (inneres) Gericht nicht mehr besteht. Wozu dann Reue? Wozu Sühne? Wozu Strafe? – Die Ratlosigkeit jener, die sich in der Sexualpädagogik einerseits biologistischen Engführungen des Menschen und andererseits der Abwertung des Wortes Liebe gegenübersehen, hat in der emotionalen Unterentwicklung der Jugendlichen ihren Grund. Liebe, die als platte Sexualität mißverstanden wird, hat die ihr eigene Unendlichkeit vergessen oder verdrängt, weil der Mensch nicht mehr bereit (oder fähig?) ist, sie auszuhalten. – Gemüt und Transzendenz sind nicht voneinander zu trennen. Wo der Wetterbericht über das innere Erlebnisfeld nur strengsten Winter meldet und nicht von Frühling weiß, wo die Sensibilität nur noch auf harte Schocks reagiert, dort sind für Religion und Glaube schlechte Tage gekommen. Demnach liegt es am Verlust der inneren Ansprechbarkeit, wenn „der Mensch Gottes unfähig geworden ist", wie Alfred Delp bereits 1945[2] prophezeite. Der Lauf der Dinge beweist: er hatte recht.

Wie läßt sich dieser humane Notstand beheben? Nur dadurch, daß der Mensch ein neues Verständnis dafür gewinnt, was Märchen und Traum, Spiel und Symbol in seinem Leben bedeuten. Ihre Funktion besteht nämlich darin, Ausbruchsversuche aus einer Welt zu ermöglichen, die ihre Verheißungen nicht einlöst, Ausfalltore aus einem Gefängnis zu öffnen, das in seinem Raum nicht größer wird, wenn man die Wände bunt bemalt oder vergoldet, Zielvorgaben mit sich zu bringen, die die simple Gleichung: das eroberte Unbekannte ist das Unfaßliche schlechthin, als Fehlrechnung erweisen.

Wird aber dadurch zuerst einmal ein neues Verständnis für Emotionalität überhaupt gefunden, müßte als zweiter Schritt eine entsprechende Einübung in gemüthaftes Verhalten als pädagogisch gültige Zielvorstellung anerkannt werden. Kreativität, Sensibilität, Spiritualität, Integration sind einige Stichworte, die sich in diesem Zusammenhang unmittelbar aufdrängen und die alle dem autoritär erzogenen wie dem manipulierten Menschen widersprechen.

Nach vielen Versuchen einer neuen Erziehung könnte die Vieldimensionalität des Menschen sichtbar werden im Aufschwung des Gefühls, in der Faszination der Sinne und des Sinnes, im Gewoge der Stimmungen, im Verweischarakter der Symbole, in der ernsten Heiterkeit des Spiels. Dadurch würde auch neu die Totalität der menschlichen Wirklichkeit entdeckt, die eben mehr ist als die Summe des von den Naturwissenschaften Entdeckten, Errungenen und Erfundenen.

Wo der moderne Mensch diese Grunderfahrungen ablehnt und fürchtet, die in Staunen und Ergriffenheit, in Ehrfurcht und Liebe sich immer wieder aufdrängen, ist er auf der Flucht vor sich selbst, vor seinem Geheimnis. Seine Freiheit aber brächte ihm als erste Chance die Möglichkeit, sich zu sich selbst und zu seiner Humanität zu entscheiden. Mißbraucht er heute seine Freiheit, indem er sein Geheimnis nicht vor-kommen läßt, indem er Gemüt und Gefühl verdrängt?

Auf die Dauer wird es ihm nicht gelingen, an seiner Grundgestalt vorbeizuleben. Das verdrängte Gemüt und Gefühl werden sich rächen. Die zunehmende Zahl der Neurosen und Psychosen[3] (vielleicht müßte man mit Hermann Friedmann sogar von

„Thymosen“[4] [Gemütskrankheiten] sprechen!), die Selbstmorde gerade von Künstlern, die Anfälligkeit für Massenhysterie, für Vaterfiguren und jegliche Manipulation, die Unsicherheit, sich zu entscheiden, die Drogensucht – das sind die Hiobsbotschaften. Der Mensch ist eben mehr als technischer Verstand; er findet ins Lot und kommt „in Ordnung“ (und dies in vielerlei Hinsicht) durch jenes Gemüt, das Goethe den „Perpendikel der Seele“ nannte.

2. Freiheit und Freizeit

Zur Theorie des säkularisierten Menschen

Wer aufmerksam die moderne theologische Literatur verfolgt, entdeckt eine erstaunliche Wende in der Thematik. Waren die Theologen der politischen Theologie bislang mit Freiheit und Hoffnung, Gesellschaft und Zukunft beschäftigt, so veröffentlicht J. Moltmann heute ein Buch zum Thema „Die ersten Freigelassenen der Schöpfung. Versuche über die Freude an der Freiheit und das Wohlgefallen am Spiel" (München 1971), und H. Cox bringt nach seinem Bestseller „Stadt ohne Gott?" eine Publikation mit dem provozierenden Titel heraus: „Das Fest der Narren. Ein theologischer Essay über Festlichkeit und Fantasie" (München ^{2}1970).

Wie ist diese Wende zu erklären? Aus Opportunismus? Aus Übersättigung des Publikums an politischer Theologie? Oder aus eben jener politischen Verantwortung für die Gesellschaft, die bisher nur die Freiheit verteidigen hieß? Verteidigt gar jener heute die Freiheit, der das Fest wieder in das Bewußtsein einer aufgeklärten, snobistischen Öffentlichkeit hebt? Hat Freizeit etwa gar mehr mit Freiheit zu tun, als der Allerweltsbegriff in seiner theoretischen Unschärfe und mit seinen bunten Assoziationen ahnen läßt? Eben deshalb, weil Möglichkeit, Inhalt und Grenzen der Freizeit unablösbar sind von den sozialen Bedingungen unseres Daseins, von Arbeit und Herrschaft? Die Änderung der Thematik signalisiert ein neues theologisches Bewußtsein.

Dieses neue Bewußtsein ermöglicht die Aussage: Die Probleme um Freiheit und Freizeit treffen zutiefst die Nöte unserer Gesellschaft, und sie werden mit dem einen Wort beschworen: das Fest. In der Fähigkeit oder Unfähigkeit zum Fest wird symptomatisch das allgemeine Befinden des heutigen Menschen greifbar. Denn wo nach dem Fest gefragt wird, fragt der Mensch nach sich selbst, nach seinem letzten Sinn und Ziel.

Die Fragen von Belang lauten: Was ist ein Fest, und wie heißen seine Bedingungen? Wie bewältigt der heutige Mensch seine Unfähigkeit zu feiern? Wie kann sich der in Arbeit und Leistung befangene Mensch zur Freiheit in Freizeit befreien? Die Antworten auf diese drei Fragen werden zugleich einen Zugang zum Verständnis des säkularisierten Menschen eröffnen.

a) Was ist ein Fest, und wie heißen seine Bedingungen?

Der reflektierende Geist des Menschen erkennt die Bedeutung von Selbstverständlichkeiten meist erst dann, wenn sie keine Selbstverständlichkeiten mehr sind. So wurde begonnen, über das Spiel nachzudenken, als mit dem Ausbruch der industriellen Revolution die Arbeit den spielenden Menschen verkümmern ließ, als das „animal laborans" (H. Arendt) dem „homo ludens" den Rang streitig machte. Die Französische Revolution eröffnet die Attacke gegen das Spiel; Friedrich Schillers Schrift „Über die ästhetische Erziehung des Menschen" (1793) markiert ihren Anfang. Noch heute scheint das Problem des Spiels ungelöst zu sein, wenn etwa H. Marcuse im „Versuch über die Befreiung" (Frankfurt 1969) nur von einem „Recht" auf die Errichtung einer Gesellschaft spricht, in der das „Spielerische" eine „Existenzform" wird. Die positiv zu bewertende Einsicht, daß zwischen dem Spiel und der sozialen Wirklichkeit überhaupt ein Zusammenhang besteht, traf noch nicht die heutige Problematik: das Ende des Spiels, da das Spiel gerade in dem Moment nicht mehr gelingen will, in dem die Wohlstandsgesellschaft das Dasein von der Befriedigung der unmittelbaren Bedürfnisse entlastet. Der vom Druck des Lebensunterhalts befreite Mensch sollte eigentlich Muße finden und Freude aus dem Spiel gewinnen. Statt dessen treibt ihn eine ungewisse Hektik in die unbestimmbare Leere und verdirbt ihm Leistungsdenken und Prestigesucht die heiter-ernste Selbstvergessenheit, die im Spiel zu gewinnen wäre.

Ebenso wie dem Spiel ergeht es dem Fest. Auf dem Hintergrund einer Geschichte, in der in der Römerzeit die Werktage „Feria", d.h. Feste, hießen und die Arbeit „neg-otium", d.h. Nicht-Muße, definiert wurde, in der es vom dreizehnten bis zum sechzehnten Jahrhundert in manchen Diözesen des christlichen Abendlandes mehr als hundert offizielle kirchliche Festtage jährlich gab, signalisiert wiederum die Französische Revolution den

Einbruch des Neuen: das Fest ist machbar, wird hergestellt, wird arrangiert, wird befohlen. Vom Fest des „Höchsten Wesens" am 8. Juni 1794, von Jacques Louis David in Paris inszeniert, ist es nur ein kleiner Schritt zu den geistlosen Feiern des 1. Mai unter Hitler, Stalin und Ulbricht. Wurde in ersterem die Vernunft als Göttin gefeiert, so wurde in letzteren im Lob auf den Adel von Blut und Arbeit einem Gefreiten gehuldigt oder in klirrender Demonstration militärischer Macht dem vergöttlichten Stachanow oder Hennecke Verehrung gezollt – und beides stand unter dem Motto: Oderint dum metuant (Mögen sie hassen, wenn sie nur fürchten). Irrsinn war dies wie jenes – und beides dokumentiert nur den totalen Ausverkauf von Festlichkeit.

Seitdem beschäftigen sich Philosophen (H. Plessner, J. Pieper, A. Brunner, J. Huizinga, O. F. Bollnow) und Anthropologen (A. Portmann, F. J. Buytendijk, A. Gehlen, M. Eliade) mehr als früher mit Fest und Feier. Man fragt, ob der Mensch in der Tat und notwendig ein Wesen des Festes sei [1]. Je mehr man bereit ist, ohne ideologische Vorurteile an die totale Wirklichkeit des Menschen heranzugehen, um so mehr wird man erkennen, daß die Antwort auf die Frage nach dem Fest über die Zukunft des modernen Menschen überhaupt entscheidet.

Was ist ein Fest? Ist das Fest nur eine Ausnahme von Alltag und Arbeit? Ist es der ekstatische Ausbruchsversuch aus dem Rhythmus von Arbeit und Leistung und Erfolg, um dann resigniert wieder in die Monotonie von Arbeit und Leistung und Erfolg heimzukehren und den „Mythos vom Sisyphos" (A. Camus) als ehernes Gesetz zu bestätigen? Ist das Fest machbar, so daß jener die schönsten Feste feiert, der über das meiste Geld verfügt und die größte Herrschaft ausübt? Gibt es kein Fest der Armen? Ist es möglich, Feste zu feiern, während in dieser Welt Kriege toben, Menschen verhungern, das Unrecht sich brüstet und die Sinnlosigkeit in Schlagzeilen unter das Volk gebracht wird?

Um eine erste, mehr negative Abgrenzung im Rückgriff auf H. Cox zu bringen, wäre zu sagen: „Festlichkeit ist nicht mit Oberflächlichkeit gleichzusetzen." Nicht nur die mehr sich selbst feiernde High Society zelebriert „Feste". Gerade die Armen, die Unterdrückten, denen Not, Schmerz und Elend nicht fremd sind, wissen wahre Feste zu feiern. Ein zweiter Grundsatz lautet: „Festlichkeit ist nicht mit Frivolität gleichzusetzen." Jean Cocteau ist in seinen Tagebüchern dem Unterschied zwischen frivolem und festlichem Geist nachgegangen und demaskierte den frivolen Geist: er sei zu keiner Originalität fähig, er könne nur verblüffen und das Auge fesseln. H. Cox schreibt dazu kommentierend: „Frivolität ist das angemalte Lächeln eines todkranken Patienten. Ihre Witzigkeit entspringt nicht einer freudigen Zuversicht in die letzte Güte des Lebens, sondern dem verzweifelten Versagen, ihm einen Sinn abzugewinnen.“ [2]

Mit Oberflächlichkeit und Frivolität hat das Fest demnach nichts zu tun. Wie H. Cox dann positiv heraushebt, wird die festliche Gelegenheit charakterisiert durch den bewußten Exzeß, durch festliche Bejahung und durch Gegenüberstellung. Wie ist diese Definition zu interpretieren? Im bewußten Exzeß bezeichnet Cox das, was Lustbarkeit, sozial anerkannte Durchbrechung von Konventionen und Normen ausmachen; in festlicher Bejahung trifft er jene „Zustimmung zur Welt“, in der auch Josef Pieper – zumal im Element von Freude und Weltvertrauen – die Essenz des Festes sieht; in der Gegenüberstellung charakterisiert er das Fest als heiteren Kontrapunkt zum grauen Alltag. Damit scheint mir vor allem die wenn auch nicht unwesentliche Außenseite des Festes beschrieben.

Es stellt sich erneut die Frage: Was ist ein Fest – in seiner Innenseite, in seinem Inhalt? Josef Pieper antwortet: „Ein Fest feiern heißt: die immer schon und alle Tage vollzogene Gutheißung der Welt aus besonderem Anlaß auf unalltägliche Weise zu begehen.“ Den Adressaten oder mindestens den Agenten der Bejahung nennt Pieper sodann in der lapidaren Aussage: „Das Fest ohne Götter ist ein Unbegriff.“ [3] Es wäre voreilig, sofort und unbedacht den christlichen Gott in diesen Rahmen des Festes einbringen zu wollen, ein wohl naheliegender Schluß, aber ein Kurzschluß. Denn Pieper führt an anderer Stelle (in „Muße und Kult“) aus: „Es gibt keine Feste ‚ohne Götter‘ – mag es der Karneval sein oder die Hochzeitsfeier ... Das ist nicht zunächst als eine Forderung gemeint; es ist nicht gemeint, so *müsse* es sein. Sondern der Satz will eine Feststellung sein: ein Fest, das nicht aus dem Kult lebt, und sei die Verbindung im Bewußtsein der Menschen noch so blaß geworden – ein solches Fest ist in der Tat nicht aufzufinden.“ [4] Pieper hebt in seiner Definition des Festes dessen transzendierenden Charakter heraus, der die pure Gegenwart und Hiesigkeit relativiert. Das Fest enthebt nicht nur den Zwängen und Alltäglichkeiten, sondern führt aus Raum und Zeit, aus dem Hier und Heute überhaupt heraus, das Fest, wie es bei den Griechen, bei den Römern, bei den Christen, wie es in allen Kulturen begangen wurde. Diese Tatsache haben K. Kerényi für die Griechen, J. A. Jungmann für die Christen und M. Eliade für viele Kulturen hinreichend bewiesen [5].

Das Stichwort „Kult", das Josef Pieper in den Gedankengang einbrachte, führt zur Entdeckung der entscheidenden Bedingungen des Festes. Kult ist unmöglich ohne das Geschichtsbewußtsein in seinen zwei Dimensionen: Erinnerung auf die Vergangenheit, Hoffnung auf die Zukunft. Die Erinnerung verweist an ein geschichtliches Faktum in der Vergangenheit oder auf den Mythos, in dem das naturhaft-kosmische Geschehen geschichtlich fixiert ist; die Hoffnung läßt, gestützt auf Verheißung und Utopie, in die Zukunft ausgreifen. Memoria (ein wichtiger Begriff in der politischen Theologie, nicht zuletzt als „gefährliche Erinnerung") und „Phantasie" werden damit als die anthropologischen Voraussetzungen des Festes sichtbar; mit ihnen steht und fällt die Festlichkeit.

Wie sehr gerade diese beiden psychologischen Konstitutive des Festes heute einen Seltenheitswert besitzen, wird uns noch beschäftigen müssen. Einstweilen sei nur gesagt: Da wir auf dem Weg zur geschichtslosen Gesellschaft sind (die „vaterlose Gesellschaft", von der A. Mitscherlich sprach, haben wir bereits mit Unbehagen hinter uns gebracht!), ist Erinnerung rar; da wir in einer mehr reproduktiven als eigentlich kreativen Zeit – einer Zeit der Collagen und der Objectart – leben, verkümmert die Phantasie gewiß; da der Optimismus der Futurologen mit der Angst der Realisten im Kampf liegt, hat zwischen beiden Fronten die Hoffnung einen schweren Stand. Erinnerung, Phantasie und Hoffnung sind nicht das Ganze. Es muß noch die in ihnen enthaltene Möglichkeit gesehen werden, die Möglichkeit, sich zu überschreiten, über sich hinauszugeraten, sich zu transzendieren, „vor die Götter zu geraten". Triumphiert dagegen eine pure Innerweltlichkeitsideologie, die sich im Gefängnis ihrer Endlichkeit wohlgefällt, kann man sich nur die resignierte Äußerung von A. Gide zu eigen machen: „Die Wahrheit ist, daß wir, sobald uns die Nötigung zum Lebenserwerb nicht länger in Pflicht nimmt, nicht wissen, was wir mit unserem Leben machen sollen und daß wir es blindlings verschleudern."

Scheint das Fest, wenn es mit den Kriterien einer Leistungsgesellschaft gemessen wird, auch „zwecklos" zu sein, so hat es doch den entscheidenden, unersetzbaren Sinn, das Feiern und das

Phantasieren als „integrierende Bestandteile" des Menschen zu retten. Im Fest lernt der Mensch das Tanzen und das Träumen, findet er zu den Ursprüngen seiner geschichtlichen Herkunft und bejaht er den aus dem Ganzen – in Religion und Glaube – entspringenden Sinn seines Lebens und dieser Welt. Man kann die Totalität des Lebensganzen, den Zusammenhang von scheinbarer „Zwecklosigkeit" und absoluter Notwendigkeit an einem aktuellen Beispiel demonstrieren: Der Umweltschutz ist eine späte und kostspielige Einsicht in die Totalität unserer wirtschaftenden Welt. Diese Einsicht kommt uns erst in dem Augenblick, da gleichsam die Rache der Natur den Menschen gefährdet. Wann werden wir ähnliche Erfahrungen im Hinblick auf die „totale Natur" des Menschen selbst machen?

b) Wie bewältigt der heutige Mensch seine Unfähigkeit zu feiern?

Es ist gewiß keine Übertreibung, wenn man sagt: der heutige Mensch sei gekennzeichnet durch eine „Unfähigkeit zu feiern". Vermutlich ist dieser Mangel wiederum nur ein Teilaspekt jener „Unfähigkeit zu trauern", über die von den Mitscherlichs (1968) geschrieben wurde. Feier und Trauer entspringen einem seelischen Innenraum von Sinn und Bejahung, der vermutlich von der anonymen Angst und der leerlaufenden Hektik unserer Zeit verschüttet wird. Die Sensibilität ging verloren, und der Sinn des Absoluten kam abhanden. Weshalb Trauer? Weshalb dann Fest? Hält man dieser Feststellung entgegen, es würden doch unzählige Feste, Parties und Geselligkeiten gefeiert, so werden diese Arrangements von Prestige und Konformismus gerade an der in ihnen auftretenden Langeweile als das erkannt, was sie in der Tat sind: Anti-Feste. Bricht aber die Langeweile schon in den Raum des Festes ein, wie kann sich dann das Fest vom Alltag unterscheiden, wie kann es seine Besonderheit dartun? Die Langeweile nun ist der Begriff, der die Unfähigkeit zu feiern zu erklären erlaubt.

Interessant ist es, daß das Wort „Langeweile" in seiner zusammengesetzten Form erst im 18. Jahrhundert auftritt und gebräuchlich wird, wie das Grimmsche Wörterbuch beweist. In der gleichen Zeit versucht man – nach Pascal wieder einmal – das Phänomen Langeweile philosophisch zu begreifen. Die klassischen Aussagen über die Langeweile, wie sie S. Kierkegaard in „Der Begriff der Angst" 1844 niederlegt, werden bis in unsere Tage kaum durch die psychologische und anthropologische Fachliteratur an Scharfsinn übertroffen. Im Anschluß an Kierkegaard sieht auch die Existenzphilosophie in der Langeweile einen „schweigenden Nebel", der „alle Dinge, Menschen und einen selbst mit ihnen in eine merkwürdige Gleichgültigkeit" zusammenrückt, wie M. Heidegger in „Was ist Metaphysik?"[6] schreibt. Gibt es auch – W. Rehm hat es in „Gontscharow und die Langeweile"[7] ausführlich besprochen – um die Mitte des 19. Jahrhunderts eine breite Romanliteratur, die sich mit dieser „Kontinuität im Nichts" (S. Kierkegaard) befaßt, so bringen im 20. Jahrhundert Ph. Lersch, A. Wellek und O. F. Bollnow insgesamt nur nebensächliche Hinweise innerhalb ihrer psychologischen und philosophischen Systeme. Mit psychologischer Subtilität geht allerdings W. J. Revers in „Die Psychologie der Langeweile" das „Erlebnis der Leere" und „ziellosen Strebens" an; mit philosophischen Kategorien betrachtet B. Hübner in seiner Freiburger Dissertation „die Langeweile"; mit mehr soziologischen Begriffen sucht A. Gehlen in seinem Artikel „Das gestörte Zeitbewußtsein" des problematischen Phänomens der Langeweile Herr zu werden[8].

Arnold Gehlen greift darin einmal auf die hektische Vorgeplantheit des Lebens mit seinen Ereignismassen und zum anderen auf die Mechanisierung des Lebens mit seiner exzessiven Verantwortungslast zurück, um daraus die Störungen im affektiv-leibnahen Bereich zu erklären. Daß diese Störungen „mit den Zeitverschiebungen zwischen den biologischen Rhythmen einerseits und dem übersteigerten Reaktionstempo andererseits zusammenhängen, dafür sehe ich", schreibt A. Gehlen, „einen Beweis in dem Phänomen der Langeweile. Diese gehört einerseits zu den affektiven, den Stimmungserlebnissen, andererseits ist sie moralisch qualifiziert, ein Abspannungszustand." Gewiß werden wir nach dieser kurzen Analyse hellhörig, wenn A. Gehlen folgert: „Gegen Langeweile hilft jedenfalls nur Realität, nämlich Erlebnisse, die in sich Zusammenhang hätten und die man in sich ausreifen und moralisch verdauen könnte."[9] Nun besteht in unserer Zeit gewiß kein Mangel an Sensationen, im Gegenteil: diese werden durch die Massenmedien nur noch multipliziert. Wenn dennoch Langeweile die Szenerie des Lebens beherrscht, wird dies daran liegen, daß die Erlebnisse in sich keine Zusammenhänge haben, bzw. daß der Mensch sie nicht ausreifen lassen und moralisch verarbeiten kann; daß die Sentimentalität aufgrund der Sensation zwar erregt wird, daß aber keinesfalls ein echtes Gefühl durch eine existentielle Betroffenheit zustande kommt.

Genau in diesem Feld der Erlebnisse scheinen jene für den Menschen zwischen Freiheit und Freizeit charakteristischen Phänomene des Massentourismus wie der Drogen ihren anthropologischen Ort zu haben. Obgleich beide Phänomene im treffenden Sinn des Wortes „ekstatisch" sind – tritt der Tourist doch aus Milieu und Alltag heraus, gerät der Drogensüchtige und Fixer doch aus den Grenzen seiner endlichen Welt überhaupt heraus –, kommt beiden nicht jene Festlichkeit zu, die man in ihnen zu entdecken hofft; denn das eine Phänomen ist geprägt von der koexistierenden Langeweile und das andere von der konsekutiven (in der sogenannten reaktiven Depression). Langeweile signalisiert – trotz der Fülle der Erlebnisse – einen Wirklichkeitsverlust. Nun erlebt der Mensch als Tourist ungeheuer viel Wirklichkeit im fremden Land, im neuen Milieu, bei aufregenden Begegnungen, in Konfrontation mit unbekannter Historie und Folklore, bei Abenteuern und Gefahren – und dennoch jenes „odium esse" (deutsch: verhaßt sein), das die sprachliche Herkunft des französischen Wortes „ennui" ausmacht! Fehlen die Zusammenhänge, mangelt es an Kraft, das Erlebte zur Erfahrung reifen zu lassen? Ähnlich ließen sich die Erfahrungen im Drogenkonsum – wenn auch nicht in jedem einzelnen Detail, so doch in ihrem Trend – mit dem Phänomen der „Reise" interpretieren. Auch der Fixer und LSD-Süchtige ist auf dem Trip; auch er erlebt Ungeheuerliches, Aufregendes, Erhebendes und Niederschmetterndes, wie E. Jünger in seinen „Annäherungen" (Stuttgart 1970) mit großer Sensibilität darstellte – und dennoch Langeweile nach der Heimkehr, mehr noch: Weltschmerz, der den, der voll Hoffnung ins selbstgefertigte Paradies aufgebrochen war, in ein Niemandsland stößt. Muß man nicht die gleichen Fragen stellen wie beim Phänomen des Tourismus: Unfähigkeit, die Fülle an Wirklichkeit zu integrieren? Mangelnde (sittliche) Kraft, die Erfahrungen ausreifen zu lassen, trotz aller Intensität und Sensation? Wie lautet die Antwort?

Ein Blick in die Geschichte des 19. Jahrhunderts, in die Zeit nach der großen Revolution mit ihrem Pathos der Freiheit, bringt ins Dunkel einiges Licht und klärt scheinbar Unerklärliches. Um wiederum einige Fakten aus der Sprachgeschichte als Andeutungen zu werten, stellen wir fest: Im 19. Jahrhundert entsteht das Wort „Tourist", Heinrich Heine erfindet 1831 das Wort „Weltschmerz", das dem Schmerz über den Weltverlust Ausdruck verleiht, und um 1880 taucht das Wort „Freizeit" auf. Ferner wird – wie öfter in der Geschichte – in der Romanliteratur mehr in der Chiffre als im Klartext das Kommende prophezeit: Jean Paul bringt 1796 in seinem Buch „Siebenkäs" das erste Mal das Wort vom Tode Gottes ins Gespräch, also längst vor Nietzsche, Hegel und den modernen Gott-ist-tot-Theologen (W. Hamilton, Th. J. J. Altizer, P. M. van Buren, D. Sölle); Iwan Gontscharow beschreibt 1858 in seinem „Oblomow" jenen „passiven Helden der Langeweile", der typisch für diese Jahre ist, und Iwan Turgenjew wagt 1862 in seinem Roman „Väter und Söhne" erstmals eine Gestalt, nämlich Basaroff, als „Nihilisten" zu bezeichnen. „Und ein Motiv tritt auch an dieser Verwerfungsstelle in den Tag, welches das ganze Jahrhundert durchzieht, den Westen und Osten, die absoluten und parlamentarischen Monarchien, die Demokratien, die literarischen Bewegungen von der Romantik über den Realismus bis zum Symbolismus: das Motiv des Ennui, des Überdrusses, der Langeweile, der Lebensöde." [10] Muß man, darf man also sagen, die heutigen Erfahrungen seien späte Früchte der ungelösten Probleme des 19. Jahrhunderts, die sich kryptogam vermehrten und heute ins Bewußtsein aufschießen? Hängt das Wort vom „Tod Gottes" vielleicht mehr mit der Unfähigkeit zu feiern und der Langeweile zusammen, als wir ahnen und als eine sich wertfrei gebende, forsche Zeitkritik einzugestehen bereit ist?

Der Verlust an Wirklichkeit meint die Totalität der Wirklichkeit. Deshalb scheint mir Schopenhauers Interpretationsversuch der „Rastlosigkeit und zwecklosen Reisesucht der Unbeschäftigten", die „so durch die Länder jagt", als mangelnde „Tätigkeit nach Innen" und „Mangel der Phantasie und Lebhaftigkeit des Geistes" [11] zu verstehen, unzureichend und vordergründig. All das mag mit im Spiele sein, ist aber nicht das Entscheidende. Im Hintergrund der Unfähigkeit zu feiern steht eine totale Frustration jener „Sehnsucht nach dem ganz anderen" (M. Horkheimer, Hamburg 1970). Statt „auf den Spuren der Engel" (P. L. Berger, Frankfurt 1970) zu bleiben und die „Argumente der Transzendenz" wahrzunehmen und einzusehen, ist der Mensch, verkümmert in seinen transzendentalen Erfahrungen, nur auf den Spuren seiner selbst; er steht alleingelassen im Zugwind des Schicksals und kann im Zweifel am Sinn nur das Bekenntnis von der Absurdität der Existenz hoffnungslos den Literaten nachbeten.

Kurzschlüssig wäre es, diesen Trend als Ergebnis einer eben verhängnisvollen Säkularisierung zu bezeichnen. Säkularisierung macht – mindestens im Verständnis der politischen Theologie – den Menschen von Magie und von religiös verbrämter Ideologie zu geschichtlicher Verantwortung frei und ist – wie vor allem Fr. Gogarten aufwies – eine Folge der Entmythologisierung durch das Christentum. Säkularismus dagegen schließt den Menschen in das Gefängnis seiner Endlichkeit ein. Dort aber überkommt den Menschen – um neben der Langeweile ein weiteres Charakteristikum unserer Zeit zu nennen – die Angst, der Mangel an existentiellem Urvertrauen. Nicht von ungefähr hat deshalb A. Wellek darauf hingewiesen, daß bereits S. Kierkegaard die Angst mit der Langeweile in Verbindung gebracht hat.

Auf unsere zweite Frage, wie der heutige Mensch mit seiner Unfähigkeit zu feiern fertig wird, kann man nur mit dem Hinweis auf jene Surrogate antworten, die heute hoch im Kurs stehen: Massentourismus und Drogen, die beide den Duft der großen, weiten Welt verheißen, dann aber in Unfestlichkeit enden. Der Mensch bleibt ein Gefoppter. Vielleicht ist diese Randbemerkung erlaubt: Vermutlich wächst die Aggression in unseren Tagen – trotz Anpreisung sexueller Paradiese – gerade deshalb, weil die existentiellen Sehnsüchte des Menschen unerfüllt bleiben.

c) Wie kann sich der in Arbeit und Leistung befangene Mensch zur Freiheit in Freizeit befreien?

Die Symptome der Langeweile und der Unfähigkeit zu feiern weisen auf eine epochaltypische Krankheit hin, die der Heilung bedarf. Selbst wenn man nicht in kulturpessimistischer Einstellung die moderne Zeit mir ihren Unzuträglichkeiten und mit ihrem Streß verteufeln will, muß man dennoch eingestehen: Die Abhilfe für den in seiner Humanität bedrohten Menschen muß von solcher Radikalität sein, daß sie von einem neuen Sinn- und Wertgefüge ausgeht und sich erst dann in Imperative zur Gestaltung des Alltags ausmünzt.

Die Freiheit, die in der Freizeit angeboten ist, aber in die Unfreiheit wieder umschlägt, weil sie (wie bei der entfremdenden Arbeit) erneut unter die Gesetze der Leistung und des Erfolgs gerät, kann nur gewahrt werden, wenn ein die Totalität des Daseins fassender Begriff oder Wert die Arbeit und die Freizeit umgreift und das Eine-Ganze des Lebens durchgehend bestimmt. Wo nach Totalität in dieser Hinsicht gefragt wird, gehen in die Antwort notwendigerweise Wahrheiten aus Weltanschauungen oder Ideologien ein, die beide leider in einer Zeit der Ideologiekritik im Zwielicht und im Verdacht der Manipulation stehen. Dennoch sollte sich der heutige Mensch, belehrt und beladen von den ungelösten Problemen des 19. Jahrhunderts, zu jener, wie auch immer näher zu spezifizierenden, allein erfüllenden Wertbestimmtheit des Lebens entscheiden. Dabei wird sich von selbst das Problem der Transzendenz ergeben, auf das heute mit allem Nachdruck Soziologen wie M. Horkheimer und P.L. Berger hinweisen. Setzt man voraus, daß Erfahrungen der Transzendenz nicht notwendig nur im dogmatischen Rahmen eines Glaubenssystems und im religiösen Raum einer Kirche möglich sind, wird man für eine grundsätzliche transzendentale Offenheit des Menschen plädieren, von der her das Fest wie die Feier ihren Sinn erhalten. Erst bei Würdigung dieses anthropologischen Existentials werden jene „Götter" entdeckt, von denen Josef Pieper bei der Definition des Festes sprach und die erst die wahre Freiheit in Freizeit garantieren. Erst aus der Freiheit gelingt das Fest – und die Begegnung mit dem Jenseitigen lichtet erst das Wesen der Freiheit: sie ist mehr als Willkür, mehr als Wahlfreiheit, sie ist letzte Entscheidungsoffenheit für Gott. Damit aber wird Gott als Garant der Freiheit erkannt.

Durch diese zeitgemäße Ausschau nach einer ganzheitlichen Sinngebung wird das Anliegen der „psychosomatischen Medizin" noch übertroffen, wird die Logotherapie V. E. Frankls in ihrer Betonung des Lebenssinnes unterstrichen, wird – zumal bei der wachsenden Zahl der Neurosen – die engere Zusammenarbeit zwischen Psychotherapeuten und Seelsorgern gefordert und werden endlich die Modelle einer Kurseelsorge in ihrer Aktualität anerkannt. Die Totalität, um die es bei dieser Kooperation der Humanwissenschaften mit der Seelsorge geht, befreit deshalb, weil das *Ganze* in den Blick gerät, das Ganze dann aber auch im Fragment gefunden werden kann und das Je-Einzelne in seiner Bedingtheit, Relativität und Vorläufigkeit gesichtet wird. Zu dieser Totalität gehört – ob bewußt bejaht oder unbewußt angenommen, ist eine andere Frage! – das letzte Woraufhin, das wir Gott nennen.

Ein anderer Gedankengang, den H. M. Enzensberger in seiner „Theorie des Tourismus" 1958 vorlegte, zielt in dieselbe Richtung. Enzensberger ist der Meinung, daß der Tourismus ein „Spiegelbild der Gesellschaft sei, von der er sich abstößt"; er mache in einer riskanten Dialektik seinen besten Sinn zunichte – etwa in der Erfindung der Gesellschaftsreise, in der Umwertung der Gastfreundschaft zu einem Produkt, im Fetischcharakter des Souvenirs, und es sei nur folgerichtig, daß man, um die Langeweile zu lindern, bereits 1841 die Reiselektüre ersann. „Gegen die Traurigkeit der heimlichen Enttäuschung, gegen die Verzweiflung des Voyeurs wuchs dem Tourismus indes kein Kraut. Die Trostlosigkeit ist dem Touristen vertraut." Nach dieser Kulturkritik macht Enzensberger eine sozialkritische Kehrtwendung: die Flut des Tourismus sei eine einzige Fluchtbewegung aus der Wirklichkeit, mit der uns unsere Gesellschaftsverfassung umstelle. „Der Tourismus zeigt, daß wir uns daran gewöhnt haben, Freiheit als Massenbetrug hinzunehmen, dem wir uns anvertrauen, obschon wir ihn insgeheim durchschauen." [12] Enzensberger wird mit der Kritik rechnen müssen, daß sein Freiheitsbegriff schillere von romantisch-ästhetisch bis zu sozial-politisch. Vermutlich würde er darauf antworten, daß Freiheit unteilbar sei – und daß gerade die Illusion einer romantischen Freiheit den Mangel einer sozial-politischen Freiheit attestiere. Die unterstellte Ganzheit des Lebens von Ibiza bis zum Hochofen in Duisburg, von Poreč bis ins Büro von Berlin ist nur verifizierbar in jener totalen Sinngebung menschlicher Existenz, die entgegen calvinistischer Praxis den Beruf nicht überakzentuiert, Leistung und Erfolg nicht heiligspricht und die damit konsequenterweise das spätkapitalistische Gesellschaftssystem in Frage stellt.

Im Hintergrund dieser Hoffnung – mehr ist es einstweilen nicht – werden gewiß Gesellschaftsutopien sichtbar, die so lange zu begrüßen sind, als ihre Vertreter den Menschen im Blick haben und nicht die Durchsetzung von Ideen auf Kosten des Menschen meinen. Es ergeht aber in diesem Gedankenanstoß auch eine Anfrage an die Betriebs- und Arbeitspsychologie, an die Betriebs- und Arbeitsmedizin, an die Vermittlung eines modernen Berufsverständnisses in unseren Schulen, an die Berufspädagogik usw. Erst als komplementäre Aufgaben sind dann Untersuchungen über die psychologischen Bedingungen und Wirkungen des Urlaubs, der Kur und der Erholung sinnvoll, wie sie vor allem von Prof. A. Hittmair in Innsbruck seit Jahren gemacht werden. Regeneration und Kompensation erhalten dort eine leicht schäbige Alibi-funktion, wo die schädigende Wirklichkeit, die Regeneration und Kompensation erfordert, tatenlos hingenommen wird.

Es darf nicht verschwiegen werden, daß eine derartige totale Sinngebung menschlicher Existenz auch Fragen an die Kirchen stellt, die ja oft mehr vom hiesigen Jammertal und vom jenseitigen Paradies sprachen und dadurch – wenn auch in gravierenden Unterschieden vom Katholizismus bis zum Calvinismus – zur Desintegration des menschlichen Lebens und der menschlich-psychischen Struktur beitrugen. Wie Friedrich A. Wagner in seinem Buch „Die Urlaubswelt von morgen" betont, sind die Kirchen noch dabei, eine Antwort zu suchen auf die Frage: „Was hat Gott beim Vergnügen des Menschen zu tun?"[13] Wagner war der Meinung, daß für heute eine klare Antwort von ihnen noch fehle. Man kann nur hoffen, daß die theologischen Impulse der bereits zitierten Bücher von J. Moltmann und H. Cox auch hier zum Tragen kommen und allmählich eine Änderung der Mentalität bewirken, weil sie zu einer Neuformulierung des Verhältnisses von Arbeit und Freizeit führen.

Die von verschiedenen Ausgangspunkten her geforderte Totalität des Lebens, die sich heute aufdringlicher denn je in der Sinnfrage stellt, ermöglicht allein eine Antwort, die die affektive Dystonie aus der Hektik und Mechanik des Lebens bewältigt, die Langeweile überwindet und die Arbeit wiederum in ein fließendes Gleichgewicht zur Freizeit bringt, nachdem das Ganze des Lebens begriffen und ergriffen ist. Vermutlich wird gerade dem Leistungsmenschen diese Umkehr zu einem andersgearteten Lebenssinn nicht leichtfallen. Ein „dolce-far-niente" gelingt nur dort, wo eine Sicherheit aus letzten Entscheidungen befreit zur Heiterkeit des Lebens. Ein vordergründiges Nichtstun, das nur die Probleme verdrängen will, ist „dämonisch, ist tödlich", wie S. Kierkegaard bereits vor 130 Jahren ahnte; denn der Karneval in seiner kommerzialisierten Form ist keine Antithese zur Arbeit. Die Antithese heißt Fest und Feier. Damit aber wird eindeutig der Behauptung von Roger Caillois widersprochen, der in seiner Schrift „L'homme et le sacré" schrieb: „C'est la guerre, qui correspond à la fête", die moderne Entsprechung zum Fest ist der Krieg[14]. Dieser Satz schockiert; er wird verständlich aus der Cailloisschen Definition des Festes als „Zeit des Exzesses". Es bedarf schon einer an Irrsinn grenzenden Dialektik, die Zustimmung zur Welt umzudeuten zur Freude an der Vernichtung, zur „Lust am Untergang"[15]. Dennoch besitzt auch dieser Gedankengang – trotz seines Zynismus' – einen Funken von Wahrheit, der schlaglichtartig die anwachsenden Aggressionen in unseren Tagen erhellt.

Neben dieser Einübung in das Sinnganze des Lebens und der Welt, in einer Art fundamentalen Urvertrauens und einer unzerbrechlichen Geborgenheit, müssen – sieht man einmal von der Hinwendung zur Geschichte ab – die Erweckung der Phantasie und Kreativität als jene Ziele stehen, die den Menschen zum Menschen machen und ihn präzise vom Roboter unterscheiden. Gerade in der schöpferischen Tätigkeit findet der Mensch zur Selbstdarstellung und Selbsterfüllung. Er objektiviert sich (und anderen) seine innere Welt, er thematisiert seine Probleme. Was ausgesprochen ist, läßt sich leichter begreifen. Phantasie aber bringt das Spielerische, die Heiterkeit, die Überraschung und den „glänzenden" Einfall ins Leben, die alle Freude wecken, zur Freundschaft verbinden und zu unermüdlicher Hoffnung ermutigen. Es ist nicht ausgeschlossen, daß gerade bei dieser Aufgabe Erwachsene mancherlei von den Kindern zu lernen hätten, die noch in Selbstvergessenheit, Charme und Vertrauen sich aufs Spielen verstehen. Ist doch gerade das spielende Kind, wie die Putten des Barock dartun, ein Symbol der geglückten, hoffnungsreichen Lebensbejahung.

In unserer Leistungsgesellschaft sollten die Erzieher vor allem darauf achten, daß nicht vor lauter Bildungsplanung – wie notwendig sie auch ist! – die Vernunft geweckt und die Phantasie zerstört wird, daß nicht die Rationalität ausufert und die Emotionalität versickert. Ist das Gemüt die integrierende Mitte des Menschen, dann müßten alle ärztlichen, erzieherischen und seelsorgerlichen Bemühungen auch die zwar geheime, aber ernsthafte Absicht haben, den Menschen in seiner Emotionalität zu entfalten.

Um auch hier wiederum eine Konsequenz für die Praxis zu ziehen, sei andeutungsweise gesagt: Die Spiele während des Urlaubs auf Minigolf- oder Tennisplätzen und anderswo haben eine größere Bedeutung als die eines puren Bewegungstrainings – nach dem Motto: Trimm dich; sie sollten als Einübung gelöster

Freude interpretiert werden. Die musischen Veranstaltungen an Erholungsorten (vom Kurkonzert bis zu den Darbietungen von Wandertheatern und Chören) sind mehr als antiquierte Überbleibsel aus einem Jahrhundert von Plüsch und Salon; sie sollten als Einladungen zur Meditation gewertet werden. Die kulturellen Ereignisse im Kurort und die Informationen über Land und Leute können auch zur Erhellung der eigenen Lebenssinnfrage beitragen. Die Begegnung mit Menschen anderer Lebensart und anderer Gesittung – gerade auch in gruppendynamischen Veranstaltungen – ist ebenso heilsam wie manches Medikament. Je mehr demnach in Erholungsort und Tourismuszentrum, bei der Urlaubsplanung und auch bei der ärztlichen Urlaubsberatung die verschiedenen Institutionen kooperieren, um so mehr kann der Mensch nur gewinnen – vorausgesetzt: es leitet einen jeden die Absicht, auf beste Weise dem Menschen zu dienen.

Es sind nur Fragmente, die hier zur Bewältigung der großen Aufgabe: Freiheit in Freizeit, beigetragen wurden. Wie auch immer die einzelnen Imperative heißen mögen, ihre Maßstäbe lauten: Es geht um die heitere Freiheit bzw. die freie Heiterkeit aus einem letzten Sinn, der die Zustimmung zur Welt im Fest erlaubt – und es geht um die Verschickung von Phantasie und Kreativität in das Entwicklungsland: emotional-gemüthafter Mensch von heute.

Der säkularisierte Mensch wird, wenn er seine Genealogie erforscht, über das 19. Jahrhundert, von dem hier oft die Rede war, hinausgeraten – bis zu den ersten Anfängen der industriellen Revolution, eben bis zum Beginn der Neuzeit. Irgendwie hat der säkularisierte Mensch noch nicht zu einem positiven Selbstverständnis gefunden. Er weiß, wogegen er ist: gegen Autorität, gegen Manipulation, gegen Ideologie, gegen Abhängigkeit, gegen Magie usw. Aber aus der puren Negation heraus läßt es sich auf die Dauer nicht leben. Der Mensch von heute müßte wiederum entdecken, wofür er ist – über die vielen „anti" hinaus, die er in seine Sprachspiele eingebracht hat. Solange er aber auf der Suche nach dem Bejahenswerten sein Credo von der Machbarkeit und der Käuflichkeit der Dinge immer wieder vor sich hersagt, wird er weder zur Freude im Fest noch zur Freiheit in Freizeit finden. Er sollte sich demnach von Bert Brecht beraten lassen, der in „Aufstieg und Fall der Stadt Mahagonny" Paul sagen läßt: „Die Freude, die ich kaufte, war keine Freude, und die Freiheit für Geld war keine Freiheit."[16]

3. Freizeit – Persönlichkeit

Drei Thesen zum Freizeitproblem

Die sehr allgemein klingende Überschrift hat nur die eine Absicht, die anthropologische Dimension der Freizeit ins Gespräch zu bringen. Daß dazu der Begriff „Persönlichkeit“ verwendet wird, der im Sinne eines neuhumanistischen, individualistischen Bildungsideals antiquierte Vorstellungen wecken könnte, drückt gewiß auch die Ratlosigkeit aus, die der heutige Mensch – vielleicht präziser: der Intellektuelle – dem in Dauer und Intensität um sich greifenden Phänomen der Freizeit, am Abend, am Wochenende und in den Ferien, gegenüber empfindet. „Persönlichkeit“ will demnach wie ein Reizwort wirken, damit neben den wirtschaftlichen Interessen der Freizeitorganisationen und den sozialpolitischen (neomarxistischen) Interpretationen des Freizeitphänomens die Humanität nicht zu kurz kommt.

Bei einer kritischen Behandlung des Themas den Nutzen und die Gefahr der Freizeit für den modernen Menschen in einer Industrie-, Wohlstands- und Leistungsgesellschaft in gleicher Weise zu würdigen, stellt eine schwierige Aufgabe dar, zumal wenn man nicht bei einer pessimistischen Kulturkritik stehenbleiben, wenn man nicht mit modischen Ideologien die Wirklichkeit manipulieren oder mit allzu frommen Floskeln den Menschen über akute gesellschaftliche Probleme hinwegtäuschen will. Kassandrarufe mögen erschrecken, Ideologien mögen den Beifall von Radikalen finden, erbauliche Sprüche mögen beruhigen. Alle drei Positionen – so verständlich sie in den verschiedenen Lebensaltern auch sein mögen! – stellen nur emotional hoch besetzte Reaktionen dar, bringen mehr Hilflosigkeit als Einsicht zum Ausdruck. Eine primär anthropologische Betrachtung dagegen ermöglicht eine ganzheitliche und zukunftweisende Antwort, wobei die an sich nötigen Unterscheidungen zwischen Freizeit am Abend, am verlängerten Wochenende und im bezahlten Jahresurlaub unterlassen werden. Damit wird zugunsten einer idealtypischen Betrachtung des Freizeitproblems eine Unschärfe der konkreten Aussage in Kauf genommen.

1. These
Freizeit und Persönlichkeit

Arbeit und Freizeit stellen einstweilen zwei komplementäre Bereiche dar, die aber allmählich von dem Begriff einer humanen Lebensform umgriffen werden müssen.

Jürgen Habermas sagt in seinem klassischen Aufsatz: Soziologische Notizen zum Verhältnis von Arbeit und Freizeit (1958): „Arbeit und Freizeit sind heute noch so sehr verschränkt, daß die eine nur mit dem Blick auf die andere verstanden werden kann."[1]

Die Richtigkeit dieses Satzes läßt sich zuerst an der geschichtlichen Herkunft beider Lebensbereiche aufweisen. Die Arbeit löste sich mit dem Abbau der landwirtschaftlich bzw. handwerklich begründeten Ständegesellschaft und dem Aufstieg der arbeitsteiligen Industrialisierung aus dem familiären Lebensbereich und jenen sozialen Erlebnisfeldern, die mit den Begriffen: Familie, Sippe, Gemeinde, Dorf umschrieben werden und die jeweils ihre Freiräume, Freizeiten, Feierabende, vor allem bedingt durch den Rhythmus von Tag und Nacht, Sommer und Winter, gutem und schlechtem Wetter, mit sich brachten. Die Natur selbst legte dem Leben Pausen auf und trug nicht unwesentlich zur Gestaltung dieser freien Zeit bei. So etwa zwang die Dunkelheit des Abends und der Wintermonate zum Erzählen, solange das elektrische Licht nicht erfunden war.

Die Fabrik und später das Büro richteten jene neuen Lebensräume ein, die allein Arbeitsstätten sind – und in die der Mensch als Arbeiter oder Angestellter (an der Stechuhr vorbei) einzieht (in gänzlicher Unabhängigkeit von Witterung und Licht bzw. Dunkel) und aus denen er (wiederum an der Stechuhr vorbei) flieht, um zum „Eigentlichen seines Lebens" zu kommen. Menschlich hochwertige Kontakte sind in diesen Zeiträumen nicht beabsichtigt. Es kommt nicht auf das Zusammenleben an, bei dem Arbeit sich vollzieht, sondern auf die Zusammenarbeit, die das Eine-Ganze der Aufgabe in Fabrik oder Büro ausmacht.

Mancherlei Bewegungen förderten die „Flucht aus grauer

Städte Mauern, hinaus in Wald und Feld", weil Fabrik, Büro und Stadt allmählich eine unheimliche, entmenschlichende Trias bildeten. Bereits vor der Jugendbewegung, auf die eben angespielt wurde, gab es die Arbeitszeitbewegung, die 1866 auf einem Kongreß der Nationalen Gewerkschaften in den USA forderte: „Acht Stunden Arbeit, acht Stunden Schlaf, acht Stunden für das, was wir wollen." Nachdem man diese Forderungen durchgesetzt hatte, ging es in einer zweiten Phase um die erfüllte freie Zeit. Seit etwa 1900 arbeitet in Amerika eine Freizeitbewegung, die 1925 Namen und Satzung einer „National Recreation Association" erhält. In Europa entstanden zur gleichen Zeit ähnliche Institutionen. Diese Bewegungen spiegeln die Wirklichkeit der industriellen Gesellschaft; sie bestätigen selbst dort, wo sie gegen die Industriearbeit angehen, deren Härte und Inhumanität. Es läßt sich daraus folgern, daß der Satz von J. Habermas nicht nur geschichtlich zu belegen ist, sondern daß er auch inhaltlich für Arbeit und Freizeit, d.h. für die jeweiligen Tätigkeiten in den Lebensräumen zutrifft. Die eine Zeit versteht sich jeweils nur im Blick auf die andere.

So sinnvoll die genannten Bewegungen auch waren, sie trafen auf mancherlei Widerstände, die auch heute noch unterschwellig die Mentalität der unaufgeklärten Zeitgenossen prägen. Es wäre zu nennen die „protestantische Ethik", deren Bezug zum „Geist des Kapitalismus" vor allem Max Weber in seiner bekannten Studie 1905 hervorhob, eine Ethik, die – zumal als calvinistische – die Arbeit quasi heiligsprach und den Besitz als Unterpfand göttlicher Erwählung wertete. Leistung war Gnade. Auf die Verkündigung der beiden Kirchen muß ebenso hingewiesen werden, die diese Bewegungen (mehr unterschwellig und unbewußt, aber deshalb nicht unwirksam) in ihren Zielsetzungen unterlief; denn die Arbeit wurde ohne Vorbehalt als „Gott wohlgefällig" erklärt – in der Berufung auf das Wort der Genesis: „Macht euch die Erde untertan" (Gen 1,28) – und für die Freizeit wurde nur eine „sinnvolle und erbauliche Gestaltung" gefordert – wiederum in Anlehnung an das Wort der Schrift: „Am siebten Tage ruhte Jahwe" (Gen 2,2) – und diese sinnvolle und erbauliche Gestaltung wurde weithin in Gottesdienst, Gebet und Andacht gefunden. Daß diese Verkündigung noch heute nachwirkt, kann man leicht durch einen Test feststellen, indem man einmal einen durchschnittlichen Christen fragt, was denn Gott wohlgefälliger sei, die Arbeit oder die Freizeit. Entweder erhält man prompt die überkommene (indoktrinierte) Antwort: die Arbeit – oder man entdeckt einen Menschen, der aufgrund der gezielten Frage erstmals nachzudenken anfängt, plötzlich seine Zweifel bekommt und der deshalb unsicher geworden ist.

In der Unsicherheit des einzelnen kommt die Unsicherheit der Kirchen und die der Öffentlichkeit an den Tag. Was die Kirchen angeht, so kann man berichten, daß auf einer Konferenz des Weltkirchenrats in der Evangelischen Akademie Tutzing im Herbst 1969 festgestellt wurde: „Der Ruf nach ‚einer neuen theologischen Wertskala für die Beziehung zwischen Arbeit und Freizeit im Leben des Menschen' wurde laut." Ähnliche Gedanken beschäftigten – wenngleich nicht in dieser Schärfe – auch das II. Vatikanische Konzil[2]. In der Gesellschaft bestreiten revolutionäre Bewegungen unter der Jugend, von den Hippies bis zur Neuen Linken, den absoluten Wert der Arbeit. Sie wollen eine glücklichere, freiere Gesellschaft. Das ideologische Instrumentarium beziehen die einen von H. Marcuse und H. Hesse, die anderen von Karl Marx oder Wilhelm Reich – und vermutlich steht im Hintergrund beider jener G. Fr. W. Hegel, der einmal das Ideal des „Glückes für alle" pries.

So zwingen die Entwicklungen unserer Tage zu einer Neubesinnung: Wie verhält es sich mit dieser Komplementarität von Arbeit und Freizeit? Die gleiche Neubestimmung von Arbeit und Freizeit wird durch eine weitere Schwierigkeit gefordert; denn es ist – soziologisch und sozialpsychologisch gesehen – gar nicht leicht, Arbeit und Freizeit voneinander zu unterscheiden und abzugrenzen. Ist alleiniges Kriterium die Kraft, die in der Arbeit eingesetzt wird? Gewiß nicht; denn mancher Hobby-Arbeiter und Do-it-yourself-Handwerker arbeitet im Bastelkeller, im Garten oder sonstwo heftiger und härter als je in der Fabrik oder im Büro. Ist alleiniges Kriterium die Fremdbestimmung? Gewiß nicht; denn mancher Tourist muß mehr Gehorsam leisten, wenn er durch Griechenland oder durch die „Wunderwelt Asiens" getrieben wird, bei einem peinlich genauen Timing, als er je an seinem Arbeitsplatz aufbringen muß. Ist alleiniges Kriterium der Aufwand an Zeit? Gewiß nicht; denn wieviel Zeit verwendet ein Segler, ein Bergsteiger, ein Leistungssportler auf sein sogenanntes Hobby. Oft ist dabei in der zeitlichen Quantität Arbeit und Freizeit nicht voneinander zu unterscheiden. Ist es die Motivation? Darf man unterstellen, daß die Motivation der Berufsarbeit nur Gelderwerb und Sozialprestige, daß die Motivation der Freizeit nur Vergnügen und gesamtmenschliche Bereicherung ist? Ist der Unterschied in den Motivationen jener zwischen partieller und totaler In-Anspruchnahme des Menschen? Untersuchungen unter jungen Menschen (1965) raten zur Vorsicht; denn auch die Berufsarbeit steht unter dem Leitmotiv der persönlichen Verwirklichung. Immerhin findet die Aussage: „Nirgendwo kann der Mensch seine Anlagen besser entfalten als im Berufsleben", die Zustimmung von 70% der befragten Jugendlichen unter 18 Jahren, wogegen dennoch 54% von ihnen sagen: „Erst nach der Arbeit fängt das Leben wirklich an."[3] Also – auch hier ist keine wesentliche Klarheit zu finden.

Obgleich – wie ersichtlich – die Unterscheidung schwerfällt, läßt sich dennoch nicht bestreiten, daß eine Beziehung zwischen Arbeit und Freizeit vorherrscht. J. Habermas ist der Meinung, daß die regenerative Bedeutung der Freizeit abgenommen habe, daß ihre Funktion heute mehr eine suspensorische oder eine kompensatorische sei. Was versteht J. Habermas unter suspensorisch und kompensatorisch? Er erklärt seine Unterscheidung auf diese Weise: „Im einen Fall wird während der Freizeit ein Arbeitsverhalten geübt, das von der mit der Berufsarbeit verbundenen Fremdbestimmung, Abstraktheit und Unverhältnismäßigkeit suspendiert; die Quasiarbeit soll die Freiheit, die Anschaulichkeit und die Ausgeglichenheit des Leistungsanspruchs wiederbringen, die jene versagt. Man findet sich mit den Versagungen nicht ab, will sie auch nicht bloß kompensieren, sondern im genauen Sinn suspendieren: die Freizeit verspricht eine Erfüllung, die echt ist und nichts von Ersatzbefriedigung an sich hat. Im anderen Fall wird während der Freizeit ein arbeitsfremdes Verhalten geübt, das die Arbeitsfolgen einer vorab psychisch erschöpfenden und nervös verschleißenden Tätigkeit kompensiert. Es soll recht eigentlich die Leere ausfüllen und die Abspannung wettmachen, die nichts mehr mit jener wohltuenden Ermüdung nach rechtschaffener Arbeit zu tun haben. Man findet sich mit den Versagungen ab und will Kompensation; man will abschalten, einen Strich ziehen zwischen dem ‚Dienst' und dem ‚Leben'."[4] Damit wird von J. Habermas der Status quo beschrieben – und es scheint, als sei immer noch jene Problematik vorherrschend, die 1866 so formuliert wurde: „Acht Stunden tun, was wir wollen".

Wie aber wird diese Zweiteilung der Existenz, diese Schizophrenie existentieller Art überwunden? Viggo Graf Blücher, der sich des öfteren, zumal in empirischen Untersuchungen, mit der Freizeit befaßt hat, kommt in seinem Beitrag „Das Freizeitproblem und seine praktische Bewältigung" (1968) zu einem erstaunlichen Schluß, wenn er schreibt: „Eine Lösung der ‚Sinnfrage' zumindest im dialektischen Paar Arbeit–Freizeit erscheint im Rahmen unserer Betrachtung bedeutungsvoll. Praktische Bewältigung für den Einzelmenschen durch zweckvolle Erziehungsansätze erscheint möglich. Die Schaffung einer freizeitkonformen Umwelt erwächst uns als institutionelle Aufgabe. Daß der eigentliche Sinn der Freizeitbewältigung jenseits aller soziologischen Fragestellungen liegt, sei hier nur angemerkt."[5]

Damit gibt der Soziologe die Partie des wissenschaftlichen Spiels sozusagen an den Anthropologen und an den Theologen ab. Seine Trümpfe stechen nicht mehr. Das Sinnproblem, die Sinnfrage, die heute die Frage aller Fragen junger Menschen ausmacht und die auch von den Theologen aufgegriffen wird (H. Gollwitzer), muß auch jene Arbeit und Freizeit übergreifende Antwort bieten, die eine humane Lebensform ermöglicht und dadurch zur Humanisierung von Arbeit und Freizeit verhilft, beiden in gleicher Weise und zur gleichen Zeit; denn sonst läuft man wieder Gefahr, die eine Zeit zur Funktion der anderen werden zu lassen. Aus diesem Lebenssinn heraus läßt sich dann bestimmen, was Arbeit und Freizeit sollen. Lebenssinn ist also der übergeordnete Begriff.

Bei dieser Lebenssinnfrage gibt es in einer pluralistischen Gesellschaft unterschiedliche, ja widersprüchliche Antworten: vom Geliebtwerden von Gott bis zum Paradies der klassenlosen Gesellschaft, von einer echten Sinngebung, zur Sinnsetzung bis zu einem mißverständlichen Nutzen- und Zweckdenken, natürlich mit dem Zwischenspiel eines humanistischen Fortschrittsdenkens[6]. Wie weit diese ideologischen Positionen oder Aussagen des Glaubens auch auseinanderliegen mögen, sie treffen hoffentlich in dem folgenden überein: Der Lebenssinn ist unablösbar von der Menschwerdung des Menschen in Gemeinschaft. Menschwerdung steht in unmittelbarer Beziehung zu Glück und Freude, Harmonie und Heil. Eine Lebensform operationalisiert die abstrakten Prinzipien des Lebenssinnes. Der die Grundaussagen aufgreifende, Arbeit und Freizeit umgreifende Begriff einer Lebensform kann zur Integration beider Wirklichkeiten verhelfen, kann den Antagonismus beider überwinden, kann damit auch die gesellschaftliche Wirklichkeit ebenso wie unterschwellige, sehr bestimmende Mentalitäten verändern, die man zu Recht kryptogame Häresien nennen darf.

Aufgabe der Kirche wäre es, der Gesellschaft bei der Ausarbeitung eines das Leben umgreifenden Konzeptes Hilfestellung zu leisten. Der Entwurf einer „Bindestrich-Theologie", also einer „Muße-Theologie", „Arbeits-Theologie", „Freizeit-Theologie" usw. reicht dabei nicht mehr aus. Nur eine Spiritualität, die alle Lebensräume in gleicher Weise durchwaltet und prägt, hilft im Hinblick auf eine Integration der menschlichen Existenz. Die humane Lebensform, die notwendig ist, wird geformt durch die Antwort auf die eine und bedrängende Frage des Menschen: Was ist mein Sinn? Was ist der Sinn meines Lebens? Was ist der Sinn der Welt und des Ganzen?

2. These
Freizeit zugunsten der Persönlichkeit

Die eine humane Lebensform prägt sich aus in der mehr gestalterisch-aktiven Arbeit und in der mehr empfangend-passiven Freizeit. Der in beide hineingegebene, befreiende Lebenssinn wird im Kult (in Gemeinschaft) gestiftet.

Die Explikation der zweiten These erfordert die Darstellung eines anthropologischen Grundentwurfs, der allerdings nur in groben Strichen geboten werden kann.

Es gibt verschiedene anthropologische Entwürfe: der Mensch als unfreies, fixiertes Wesen (Determinismus), der Mensch als Produkt wirtschaftlicher Verhältnisse (Marxismus), der Mensch als „zur Freiheit Verurteilter" (J. P. Sartre), der Mensch als „Wanderer zwischen zwei Welten" (W. Flex), der Mensch als das „nicht festgestellte Tier" (Fr. W. Nietzsche), der Mensch als „das Schilfrohr, das denkt" (Pascal). In diesen anthropologischen „Kurzformeln" ist eine systematische Anthropologie höchstens in nuce enthalten. Sie wird in ihrer Bedeutsamkeit für grundlegende Probleme, etwa des Verhältnisses von Einzelnem und Gemeinschaft, von Seele/Geist und Leib, von Weltverhalten und transzendentaler Verwiesenheit, von Freiheit und Geschichte nicht entfaltet. Einstiege in das Gesamtproblem werden mehr angedeutet als eigentlich eröffnet. Die Entwürfe aus den verschiedenen Jahrhunderten beweisen: der Mensch fragt immer wieder nach sich selbst. Die Antwort, die er sich gibt, schlägt sich – neben seinen Werken in Kunst und Literatur und Musik – in anthropologischen Modellen nieder[7]. Wer ist der Mensch?

Der Mensch ist nicht ein spannungsloses, lineares, eindimensionales Wesen. Im Gegenteil: er vereinigt in seiner pluralen Verfaßtheit, die sich als Geist in Leib darstellt, zweierlei Momente: Passivität und Aktivität, Geben und Empfangen, Impression und Expression, Beeindrucken und Betroffenheit. Wie auch immer die anthropologischen Gegensatzpaare genannt werden können, es zeigt sich ein Zueinander, das wir als Grundstruktur in Arbeit und Freizeit wiederfinden. Karl Rahner beschreibt das Gemeinte mit diesen Worten: „Das Musische ist das Gelöste, das Ungeplante und Unherstellbare, das Verfügtwerden und Sichanvertrauen an die unbewältigbaren Daseinsmächte, das Warten auf das Einfallen des Unberechenbaren und des Geschenkten, der Empfang der Gnade, das zwecklos Sinnvolle. Solches muß es im Dasein des Menschen geben. Aber zweifellos nicht allein. Es muß auch das Geplante und Berechnete sein, das Getane und Geleistete, das Eroberte und Ereignete, der Kampf um den im voraus gesetzten Entwurf. Es muß beides geben: Muse und (wie sollten wir es nun kurz und klar anders nennen?) – die Arbeit. Beides aber bedeutet zunächst und ursprünglich gar nicht zwei zeitliche Perioden im menschlichen Leben, sondern zunächst einfach Momente in einem menschlichen Daseinsvollzug, die nur in ihrer Zuordnung zueinander bestehen und das menschliche Dasein allererst selbst aufbauen.“[8]

Karl Rahner hat damit den Menschen als ein Wesen beschrieben, das in seinen inneren Momenten „arbeitend“ und „musisch“ zugleich ist, das diese Momente ins Zeitlich-Geschichtliche entwirft, um sich auf diese Weise selbst zu entfalten, um – immer mehr herausgelöst aus dem Zwang des Daseins und aus der Verflochtenheit mit der Natur – immer mehr Subjekt zu werden: immer mehr er selbst.

Im Laufe der Menschheitsgeschichte hat sich nun das Verhältnis beider Wirklichkeiten, also von Arbeit und Muße, des öfteren verschoben. Es gab Zeiten, in denen die Arbeit selbst noch sehr viel Musisches an sich hatte. Man erinnere sich nur an das musikalische Spiel in einer Schmiede, als zum großen Hammer des Gesellen, der das glühende Eisen auf dem Amboß schlug, der Meister selbst eine zweite Melodie mit einem kleinen, hellerklingenden Hammer im präzisen Rhythmus dazubrachte. Andere Beispiele wie die Lieder der Wolgaschiffer, das Blasen der Postillione, der Gesang der Frauen am Spinnrad seien nur erwähnt. Wie ersichtlich, war dem Arbeitsbereich trotz aller körperlichen Anstrengung noch etwas Musisches zu eigen. Heute hat die durch Arbeitsteilung und Technik geprägte Arbeit den Charakter des Musischen gänzlich verloren, und es wäre höchst fragwürdig, die Musikberieselung in den großen Sälen der Kleiderfabriken oder an den Fließbändern als vergleichbar hier ins Gespräch zu bringen. Wegen dieses Mangels muß auf den Bereich der Muße mehr Wert gelegt werden, um in dem fließenden Gleichgewicht der beiden inneren Momente die eine Lebensform zu verwirklichen.

Dieses fließende Gleichgewicht wird gestiftet durch ein Drittes; denn der Anstoß zur notwendigen Balance ereignet sich in jenem Akt der „Befreiung", den wir Kult nennen und in dem der in der Arbeit sonst verborgene Sinn ekstatisch beschworen und in seiner unmanipulierbaren Jenseitigkeit (in Gemeinschaft) aufgerufen wird.

Die Kultfähigkeit des heutigen Menschen wird nun ebenso bestritten wie seine Fähigkeit zur Trauer und zur Feier. Der Kult schwingt ja um zwei Pole, die heute beide in Vergessenheit geraten sind: den des Absoluten und den der Gemeinschaft. Beide stehen nun in einer inneren Beziehung, einmal weil in den letzten Setzungen einer Gemeinschaft sich immer wieder ein Absolutes ansagt, zum anderen weil eine Gemeinschaft sich immer um ein Transzendentes (etwa um einen Tempel, in dem das Jenseitige anwest) schart und von diesem Transzendenten her dann ihre Geschichte erklärt und ihre Sanktionen legitimiert. Diese Behauptung läßt sich sowohl aus der griechisch-römischen wie aus der christlichen Geschichte beweisen.

Nun bringt diese Feststellung des Mangels noch keine Hilfe. Im Gegenteil: die Einsicht weckt Schrecken angesichts der Not; der Schrecken lähmt. Was ist zu tun?

Zuerst wäre festzuhalten, daß die Suche nach einem absoluten Sinn und darin nach einem jenseitigen Absoluten sich in unserer Zeit gerade bei den jungen Menschen sehr stark artikuliert, wenn auch sehr kaschiert und unter vielleicht unüblichen Begriffen. Die Sinnfrage wurde selten so schonungslos von jungen Menschen gefragt wie heute; ihre Lieder, Gedichte und Gespräche beweisen es. Es ist ferner festzuhalten, daß das soziale Verlangen unter jungen Menschen, das Verlangen nach Gruppe, nach Gemeinschaft, nach Geborgenheit nicht unterschätzt werden darf. Es stehen demnach nebeneinander: individualistische Suche (und Verehrung) eines Absoluten und Pseudokult in Ritualen von Gruppen und Gemeinschaften (von der Show bis zur Haschorgie mit ihren standardisierten Sequenzen). Beide müssen wieder vereint werden: etwa durch die Einsicht, daß persönlicher Lebenssinn in Erfassung eines Absoluten auch und vor allem durch die Gemeinschaft vermittelt werden kann: etwa durch die Entlarvung der Leere, die im Pseudokult gefeiert wird. Man denke dabei nur an die Pseudoreligiosität jener Veranstaltungen, die die Olympischen Spiele 1972 in München eröffneten und beschlossen.

Nicht nur die Sinnfrage steht zur Debatte, sondern eine spezifische Qualität von ihr, nämlich ihre Beziehung zu und ihre Abhängigkeit von Gemeinschaft. Darin verbirgt sich das folgende Problem: Die subjektive Gewißheit muß sich, um zu überdauern, in ein Objektives, in einen Ritus, in eine Form, in Religion und Glauben entäußern. Sinn vollzieht sich daher im Kult in der Gemeinschaft.

Im Kult, immer noch als Sehnsucht präsent in unseren vielfältigen und unzähligen „Festspielen“ (von Salzburg bis Edinburgh) mit ihren Stars, würde dann jener Sinn gefeiert, der die Arbeit im innersten und letzten motiviert und erfüllt, der in der Muße sich auf ganz andere Art durchsetzt und nach Gestaltung verlangt, der – wie auch immer – auf jeden Fall von irdischen Zwängen zu höherer oder tieferer Erfüllung befreit.

Ist nun diese Antwort auf das zentrale Problem unserer Tage – keine pragmatisch-materialistische, sondern eine metaphysisch-transzendentale – eine Überforderung des modernen Menschen? Ist sie ihm zumutbar? Ließe sich eine bequemere finden?

Die Antwort auf das Problem unserer Zeit kann – um das Wort von Viggo Graf Blücher auszuweiten – nur aus dem Bereich jenseits der Soziologie und Psychologie kommen. Der Bescheid der Philosophie und Theologie, was und wer der Mensch sei, macht die Antwort auf unsere Frage aus und entlarvt die Auskunft „Spaß sei Lebenssinn“ – Hartmut Lüdtke spricht in seiner Publikation „Freizeit in der Industriegesellschaft“ von „Hedonismus“[9] – als sehr vordergründig.

Diese Auskunft wird etwa von Frau Bundesministerin Käte

Strobel in ihren „100 Tips für Freizeitspaß" den westdeutschen Bundesbürgern erteilt. Sie schreibt im Vorwort dieser Broschüre: „Ob es sich nun um alleinstehende Personen, um Familien, um junge oder ältere Menschen handelt: sie alle sollten ihre Freizeit bewußter erleben, Spaß und Leichtigkeit sind unerläßlich für Bewegung, Entspannung und Selbstentfaltung, um den notwendigen Ausgleich für den beruflichen Alltag zu finden." Nun läßt sich auch in diesem Vorwort das Problem nicht verdrängen, selbst wenn man – ob aus falsch verstandenem weltanschaulichem Pluralismus, ob aus falscher wertfreier Pädagogik, ob aus einer eindeutigen politischen Position, ist nicht genau auszumachen – angestrengt an ihm vorbeischielt; denn Frau Strobel sagt auch: „Die Freizeit sinnvoll, im Interesse der körperlichen und seelischen Gesundheit einzuüben sollte ein Grundbedürfnis sein." Was heißt „sinnvoll"? Was ist „seelische Gesundheit"? Liegt das „Grundbedürfnis" des Menschen nicht irgendwo anders? An dem gleichen Mangel von Klarheit leiden auch die anderen Schriften des Bundesministeriums für Jugend, Familie und Gesundheit: „Seelische Gesundheit" (die Fähigkeit, mit sich und anderen auszukommen), „Ein bewegtes Leben" und „Ferien mit Fantasie" [10]. Einerseits versuchen ihre Verfasser, denen bester Wille und wissenschaftliche Fachkenntnisse gar nicht abgesprochen werden sollen, den Menschen allein sozialpsychologisch, psychohygienisch oder sportmedizinisch zu „heilen", andererseits redet man immer wieder von „wertvoll" und „sinnvoll". Was mit „Sinn" und „Wert" dabei gemeint sei, bleibt unklar. Das Menschenbild, das hier im Hintergrund steht, ist ein Torso. Man darf deshalb aufgrund einer philosophisch-theologischen Anthropologie sagen: Ein Mensch, der seinen Sinn – zumal im Kult – gefunden hat, fängt von allein an zu spielen. Der Mensch, der nur ausweglosen Unsinn kennt – was soll er mit „Spieltips" und „seelischer Gesundheit"? Wer schenkt schon einem Gefangenen, der in seiner Zelle sitzt, ein Fahrrad? Mit diesen Forderungen, die Sinnfrage beim Namen zu nennen, wird nicht gewünscht, man müsse als wichtigste Vokabel den „lieben Gott" immer im Munde führen. Aber dort, wo durch Verschweigen der „Grenzsituationen" im Menschenleben, durch Verstellen der sogenannten transzendentalen Ansatzpunkte die Sinnfrage als quantité négligeable abgetan wird, dient man nur der existentiellen Frustration des Menschen (Viktor E. Frankl) [11] und handelt damit – trotz bester Absicht – inhuman.

Nach dieser grundsätzlichen Klärung stehen noch einige Andeutungen von pädagogischen Weisungen für eine sinnvolle Freizeitgestaltung aus. Die Einübung in rechte Freizeitgestaltung fällt zusammen mit der Vertiefung der Erlebnisfähigkeit, mit der Erweckung der inneren Ansprechbarkeit, mit der Entwicklung von Kreativität, mit dem fundamentalen Erziehungsstil, der Phantasie, Initiative und Courage bevorzugt, mit der Entscheidungsbereitschaft. Durch all dies wird Muße ermöglicht. Für entsprechende Übungen böte die Freizeit den gemäßen Raum der Einübung, auch und vor allem als Voraussetzung für den Kult. Nur eine langfristige Planung allein vermag aus dem jungen Menschen von heute einen Touristen und Freizeitler von morgen zu machen, der nicht mehr hilflos seiner freien Zeit gegenübersteht und auf nichts anderes wartet, als sich von der nächstbesten Suggestion der Vergnügungsindustrie unterhalten und von den Slogans und Standards der Touristikbranche in Beschlag nehmen zu lassen.

Mit den Aufgaben einer modernen Freizeiterziehung, die nur eine ganzmenschliche und in die Gesamterziehung integrierte sein kann, treffen sich die Forderungen einer modernen religiösen Erziehung, einer modernen „Mystagogie", wie es Karl Rahner bereits 1966 nannte[12]. Einführung in das Geheimnis, das der Mensch ist, lautet dabei die erste Devise. Dem Menschen muß heute, wenn man ihn vor Gott bringen will, erst ein Weg zu sich selbst gebahnt werden, damit er die Höhe und die Tiefe, die Breite und die Hintergründigkeit seiner Existenz wahr-nimmt. Grunderfahrungen menschlichen Lebens – wie das Staunen, die Ehrfurcht, die Ergriffenheit, das Fragen, die Liebe – müssen eingeübt werden, und zwar dadurch, daß man das im Alltag und in den Grenzsituationen Erfahrene vor-kommen läßt in seinem Gehalt. Die Grundfrage an unsere Schulen wäre dabei, ob sie meinen, der technische Mensch sei ein Wesen totaler Weltbeherrschung (und dadurch zugleich ein Opfer seiner eigenen Werke), oder ob sie – wie Karl Jaspers schon in den dreißiger Jahren verlangte – die Beziehung der Freiheit zur Notwendigkeit, „den Menschen an sich selbst zu erinnern", wahrnehmen[13]. Darin besteht aber doch die Herausforderung unserer Situation im Jahre 1973: Der Mensch muß an sich selbst erinnert werden, an die Totalität seiner Wirklichkeit, an die Extension und Intension seiner Existenz, an sein Bedürfnis nach transzendentalen Erfahrungen, an seinen letzten Wert und Sinn, endlich an Glück und Würde zugleich, die, wie Ernst Bloch meinte, eigentlich nicht voneinander zu trennen sind[14].

Freizeit gewährt also die Chance, im Kult Sinn zu finden. Der Sinn aber, der Lebenssinn, befreit zu Spiel und Fest und bringt auch in die Freizeit jene Freiheit, die rückwirkend die Arbeit mitbestimmt. Es ließe sich in diesem Zusammenhang auch die Einsicht bestätigen: eine Veränderung der Gesellschaft beginnt und endigt bei jenem Selbstverständnis des Menschen, das ihn die Grenzen von Raum und Zeit überschreiten heißt. Der qualifizierte Überschritt in Gemeinschaft vollzieht sich im Kult.

3. These
Freizeit contra Persönlichkeit

Die Gefahr des modernen Menschen liegt in einer Desintegration der beiden Lebensbereiche Arbeit und Freizeit, die Fragmente absolut setzt, Surrogate der Lebenserfüllung in außengeleiteten Situationen anbietet und in sinnloser Langeweile ausartet.

Der übergreifende Lebenssinn – zumal wenn er im Kult gefeiert wird – wird von vielen heutigen Menschen nicht mehr gefunden, sei es weil die Verkünder eines Lebenssinnes, die Kirchen, nicht mehr anerkannt werden (oder selbst zu Warenhäusern modischer Ideologien wurden), sei es weil man sich in einen platten Wohlstand verstrickt hat, der die Sinnfrage zu einer überflüssigen Sache erklärt. Pragmatisch lebt man von heute auf morgen und fängt – wie die drei Synodenumfragen wenigstens für die Katholiken der Bundesrepublik beweisen[15] – am ehesten bei Todes- und Trauerfällen an, an Gott zu denken. Eine recht kompromißvolle Art von Lebensführung, die eigentlich unserer auf Entscheidung und Engagement pochenden Zeit nicht recht zu Gesicht steht.

Geht ein übergreifender Lebenssinn aber ab, liegt die Gefahr des modernen Menschen darin, den einen Lebensbereich zur Funktion des anderen zu machen: Man arbeitet, um Geld für die Freizeit zu verdienen, man macht Freizeit, um wiederum Kraft für die Arbeitszeit zu gewinnen, ein Teufelskreis, aus dem ohne Lebenssinn nicht auszubrechen ist. Bei diesem Spiel wird zudem jeweils die andere, gerade nicht ablaufende Zeit psychologisch präsent gesetzt: während der Arbeitszeit in Tagträumen, während der Freizeit im Anspruch auf das höhere Sozialprestige, das sich an Staridolen und touristischen Abziehbildern orientiert und das verschärfte Engagement in der Arbeit erfordert.

Dieses bewußt an den Anfang gesetzte Pauschalurteil, mehr ein Klischee denn eine wissenschaftlich verifizierbare Aussage, wird durch die Untersuchungen von D. Hanhart und Viggo Graf Blücher[16] präzisiert, indem sie sozusagen das Modell eines Viereckverhältnisses ins Spiel bringen: Beruf – Freizeit – Arbeit – Muße. Das Ergebnis dieser Untersuchungen bringt folgende Differenzierung: 1. Beruf und Freizeit werden im allgemeinen als Gegensätze erlebt. 2. Freizeit und Arbeit sind keine Gegensätze mehr; denn auch in der Freizeit vollzieht sich Arbeit, weil die Rekreation für die Berufsarbeit nicht mehr so vordringlich ist. 3. Beruf und Muße werden in aller Regel als Gegensätze erlebt (Ausnahmen sind dabei allein die kreativen Berufe, etwa der eines Werbetexters). 4. Beruf und Arbeit decken sich nicht mehr; denn Arbeit beschränkt sich nicht mehr auf berufliche Funktionen. 5. Arbeit und Muße sind nur noch Gegensätze, wenn der früh- und vorindustrielle Begriff der „körperlichen“ Arbeit zugrunde liegt. 6. Diese Aussage ist für uns vor allem entscheidend: Wie steht es um Freizeit und Muße? Graf Blücher führt aus: „Freizeit und Muße sind nur im Sinne einer (am klassischen Modell orientierten) Kulturkritik koinzidierend. Je ausgeprägter, integrierter und selbstverständlicher die freie Zeit als autonomer Lebensbereich sich etabliert, um so selbstverständlicher wird die partielle Rolle, die Muße neben einer Unzahl von Freizeitansprüchen zu spielen hat. Das Modell eines indischen Weisen, der den Tag mit Kontemplation verbringt, ist in der industriellen Gesellschaft weder wünsch- noch denkbar.“[17]

Bei allem Sinn für drastische Vergleiche muß man zugeben: Graf Blücher hat es sich mit seiner abschließenden Bemerkung sehr leicht gemacht. Er führt einen Begriff von Muße ein, der allzusehr an den esoterischen Vorstellungen eines Bildungsphilisters orientiert ist. Diese Konzeption schwebt uns gewiß nicht vor. Auch Spiel kann Muße sein, auch Kult vollzieht sich im Spiel, ist Ritus und Liturgie. Und muß denn der ganze Tag dieser „kontemplativen Tätigkeit“ gewidmet sein? Hat eine partielle Rolle nicht auch schon eine ganz erhebliche Funktion? – Eines aber deutet Graf Blücher im Rückgriff auf die Untersuchungen von D. Hanhart an: Freizeit und Muße sind kaum deckungsgleiche Begriffe. Dabei erhebt sich die Grundfrage: Was ist

Muße? Lebenssinn muß ja nicht zuerst in „Kontemplation" vollzogen werden; er kann auch – gleichsam unthematisch – in Spiel, Glück und Freude, Fest und Feier vorhanden sein; er wird, wenn auch recht unvollkommen, im Pseudokult mancher modernen Party und Show vollzogen, auf säkularisierte Art allerdings.

Diese Untersuchungen und das Urteil von Graf Blücher signalisieren, daß der eigentliche Kern der Freizeitproblematik, eben die Sinnfrage, nicht hinreichend gesehen wird. Deshalb aber macht sich auch jene Grundstimmung auf vielen Lebensfeldern breit, die man Langeweile nennt.

Langeweile stellt nun eine gefährliche Lebensgrundstimmung dar. Sie macht den Menschen anfällig für Manipulationen. Dabei liegt die Gefahr sowohl in der Fremdbestimmung wie in der Konsumorientierung. Es entwickelt sich der vor Jahren von D. Riesman beschworene „außengeleitete Mensch". Es wird von einer Gefahr gesprochen; denn man darf nicht erneut eine Kulturkritik äußern, die nur die eigene elitäre Lebensform verteidigen will. Dennoch: Was heute Gefahr ist, kann morgen Realität sein. Als schwarzweiß gezeichnetes Beispiel sei der Urlaub genommen. Er, der eigentlich Raum der Freiheit sein sollte, wird wiederum von anderen verwaltet. Da gibt es das Touristikunternehmen, das (wenn auch heute in relativ wenig Fällen, so doch zunehmend) in der Wahl berät; da gibt es den Reiseleiter, der die Entscheidung in vielen Einzelfragen abnimmt: man ist touristisch programmiert; da gibt es den „Baedeker", der mit seinen „Sternchen" anzeigt, welches Bauwerk man besichtigt, welche Stätte man im wahren Sinn des Wortes „betreten" haben muß; da gibt es endlich noch den Buchhandel, der mit seinem Slogan „Kauft Reiselektüre" den Reisenden die Langeweile vertreiben will; denn selbst das Reisen scheint langweilig zu werden. Unter dem Schein der Freiheit, mit der Suggestion von Abenteuer, Aufregung und Exotik wird jenes bereits geringe Maß an Freiheit sachte beschnitten. Ein Urlaub nach Maß, von der Stange sozusagen, in Serie gefertigt. Daß die Manipulation auch noch als echte Hilfe gewertet und nicht perhorresziert wird, ist nur möglich, weil dadurch Langeweile überwunden wird, die sich sonst breitmachte.

Die Chance der Freizeit kann also auch vertan werden: statt Persönlichkeit zu ermöglichen, kann sie die Personalisation verhindern; statt Freiheit zu bringen, kann sie den letzten Rest an

Freiheit nehmen; statt zu beglücken, kann sie jene mürrischen Wanderer zwischen zwei Welten produzieren, denen schon die Rückfahrkarte die Illusion einer absoluten Freiheit zerstörte. Trotz dieser Gefahren sollte die Chance der Freizeit nicht geringgeschätzt werden; denn sie erlaubt Erfahrungen von der Totalität dieser Welt, sie vermittelt Ahnungen jener Ekstasen, die die eigentlich personerfüllenden und gemeinschaftsbegründenden Momente im Kult ausmachen.

Hoffentlich nehmen sich der Hilflosigkeit mancher moderner Menschen nicht zu schnell jene Organisationen an, denen es zuerst um finanziellen Gewinn und Gewinnmaximierung geht. Denn es läßt sich nur auf lange Sicht und nur in kleinen, aber nicht unwichtigen Schritten zur Freizeitbewältigung und Freizeitgestaltung erziehen. Diese Erziehung hat dann aber sehr viel zu tun mit Freiheitlichkeit und Wertbestimmtheit. Freiheitlichkeit wurde durch eine weithin positiv zu bewertende „antiautoritäre" Erziehung den Pädagogen wieder ins Bewußtsein gehoben. Das verpflichtende Wissen um seine Autonomie sollte jedem Menschen verhelfen, im Protest gegen Lebensstandards und Sanktionen des Milieus, die am meisten beglückende Freizeitgestaltung zu suchen und zu vollziehen. Dagegen stellt die Wertbestimmtheit noch einen Wunsch an die pädagogische Wissenschaft dar. Jenes Mißverständnis einer pluralistischen Gesellschaft, der Friede in einem demokratischen Gemeinwesen sei nur gesichert, wenn es ein nivelliertes Einerlei ohne wertbestimmte Konturen gebe, dieses Mißverständnis muß noch erkannt werden, und diese Erkenntnis muß dann den Mut zu einer wertbestimmten Erziehung entbinden. Dadurch wäre auch gewährleistet, daß Lebenssinn, in dieser oder jener Tiefe verwirklicht, den Menschen erfüllt und ihn zu Spiel und Fest befreit.

Diese Aussagen über die Chancen der Freizeit sollen zur Kontrolle und zur etwaigen Korrektur noch einmal mit den Ansichten eines Soziologen konfrontiert werden. Hartmut Lüdtke entdeckte in seiner Analyse „Freizeit in der Industriegesellschaft" die folgenden fünf „Funktionen und Chancen der Freizeit", die er allerdings unter dem Vorbehalt vorträgt: es handle sich um relativ junge Entwicklungen und um nicht vollständig rational begründbare Aussagen. Er nennt die folgenden Chancen: 1. Differenzierung der Lebensstile in der zunehmenden Wahlfreiheit des Verhaltens. 2. Kommunikation durch Massenkommunikationsmittel, durch den privaten Verkehrskreis, durch den Austausch von Informationen über Gegenstände der Freizeit. 3. Soziale Integration durch affektiv-expressiv gefärbte Sozialbeziehungen. 4. Moralische Innovation, nämlich durch eine „Moral des Glücks", die zur Quelle der „Sinngebung" für viele werde, und 5. politische Emanzipation. Wenn bei einigen dieser Zukunftsaussagen auch der Wunsch Vater des Gedankens war, so stimmen unsere Ausführungen teilweise mit Lüdtkes Positionen überein – etwa im Bereich der Differenzierung der Lebensstile durch fortschreitende Autonomie usw. Ein nicht unbedeutender Widerspruch ist dort anzumelden, wo vermutet wird, daß sich „zunehmend Werte wie Hedonismus, Spiel, Autonomie der Wahl, eine ‚Moral des Glückes' durchsetzen"[18]. Damit beschreibt er nur mit soziologischen Kategorien die Außenseite eines Verhaltens, das seine psychologische, ja religiöse Tiefe hat.

Glück hat, wie Norbert Hinske andeutet, sehr viel mit dem Absoluten zu tun. Er meint, der Mensch stehe bei der Größe seiner Glückserwartung vor der Alternative, entweder zu *glauben* oder in Schwermut zu fallen. Es bleibe für ein Menschenleben, zumal wenn es dieser Alternative entgehen wolle, die Möglichkeit, „daß es die Ansprüche des Menschen verkürzt und sich auch mit weniger Glück zufriedengibt"[19]. Die Illusionen dieser Flucht, nämlich sich selbst zu entkommen, leuchtet unmittelbar ein. Der Lebenssinn wird in seiner Dynamik immer wieder die Hürden jeder sogenannten Selbst-Bescheidung überspringen. Gerade dieser philosophische Hinweis ermutigt. Man darf dabei bleiben: Die Sinnfrage ist der Schlüsselbegriff zur Bewältigung des Freizeitproblems. Einübung in den Kult, der den Sinn bringt und den Sinn feiert, ist darin die zentrale Aufgabe – zur Rettung der Persönlichkeit.

Wie sehr dabei der sonntägliche Gottesdienst, die Eucharistiefeier, aus der legalistischen Sicht (ein Kirchengebot erfüllen zu müssen) hinübergenommen wird in eine anthropologische Erhellung des gesamten Freizeitraumes, sei abschließend nur am Rande erwähnt.

4. Langeweile – ein bedrängendes Problem des modernen Menschen

Wie zu allen Zeiten, so halten auch die heutigen Künstler ihren Zeitgenossen, die sich ungern ins Gesicht schauen, einen Spiegel vor und zwingen sie dadurch zur Selbsterkenntnis. Zeitkritik in allen Schattierungen verfassen die Literaten, und Zeitkritik bietet, wenn auch verschlüsselt, die bildende Kunst in Malerei und Plastik. Salvador Dalí zum Beispiel, jener eigenwillige Spanier, entwirft in seinen geheimnisvollen Bildern mit ihren flächigen Landschaften, ihren hintergründigen Szenen und mythischen Gestalten, mit ihren Traumsymbolen ein Psychogramm unserer Zeit; er entlarvt die Kontaktlosigkeit des modernen Menschen, die Absurdität der nur technischen Existenz und eine Langeweile, die zerstört. Was er in seinen Bildern malt, beschreibt er in seinem autobiographischen Buch „Meine Leidenschaften" mit diesen prophetischen Worten: „Da sie (die Menschen, Verf.) weder die Erde noch sich selber bewohnen, suchen sie frenetisch die Entfremdung, etwa so, wie man sich im Exil betrinkt. Es müssen Schmerz und Blut kommen, damit sie die spirituelle Dichte wieder finden und der Schöpfung helfen. Das Mittelalter suchte das Gespräch mit den Engeln. Wir werden ein neues Mittelalter haben, verschönert von der Wissenschaft und Intelligenz, nachdem wir in einer Katastrophe die Müdigkeit des Lebens und Liebens durch den Ausguß gespült haben."[1] Belehrt durch diese Prophetie, die Bilder Dalís im Blick, wird die Aktualität des Themas Langeweile greifbar; sie bedrängt den modernen Menschen. Bevor Hinweise zu ihrer „Therapie" gegeben werden können, müssen ihre Biographie wie ihr Begriff bedacht werden.

a) Die Genesis der Langeweile – oder: Wie wird der Tatmensch Faust zum spielerischen Don Juan?

Ein Blick in die Kulturgeschichte legt die Vermutung nahe, die Langeweile sei ein Charakteristikum des abendländischen Menschen und da wiederum vor allem des modernen Menschen; denn innerhalb anderer Kulturen gibt es nach dem Aufweis der vergleichenden Sprachwissenschaft das Wort „Langeweile" nicht – und innerhalb der deutschen Sprachgeschichte tritt laut Grimmschem Wörterbuch das Wort „Langeweile" in seiner gebundenen Form erst im 18. Jahrhundert auf. Fingerzeige ohne Bedeutung? Gewiß nicht: denn in seiner Sprache spricht sich der Mensch selber aus. Doch gibt es nicht schon in früheren Jahrhunderten ähnliches wie die Langeweile? Spricht man da nicht von der acedia?

Wer mit der Geschichte des Christentums vertraut ist, weiß: der Begriff der acedia ist seit den Tagen der Mönchsväter im 3. bis 5. Jahrhundert nicht mehr aus dem geistlichen und theologischen Schrifttum zu tilgen. Aber dieser Begriff wird nur ungenau mit „Langeweile" wiedergegeben und müßte eigentlich mit „Unbekümmertheit" oder noch besser mit „Trägheit des Herzens" übersetzt werden. Das Wort meint jene geistliche Lustlosigkeit, die keine Freude an religiösen Dingen mehr findet und den Überschritt in eine jenseitige, göttliche Welt für Unsinn hält. Der Gegenbegriff zu ihr heißt Liebe. Von Johannes Cassianus im 5. Jahrhundert führt dann die Begriffsgeschichte über Gregor den Großen und Isidor von Sevilla zu Thomas von Aquin, der aus verständlichen spirituellen Gründen über die acedia als „Kapital-Sünde" innerhalb seiner Summa Theologica (II, III) handelt, nachdem sie von ihm der Traurigkeit untergeordnet wurde. Dieses Rinnsal einer christlichen Überlieferung mündet in der Neuzeit in den Strom der Spiritualität. Heute ist nicht mehr von acedia/Trägheit des Herzens die Rede. Die Wirklichkeit der acedia wird, wenn auch unter anderen Begriffen, festgehalten, etwa denen einer religiösen Anspruchslosigkeit oder geistlichen Unansprechbarkeit[2].

Nach dem Aufweis der Kulturgeschichte, die dabei einen deutlichen Zusammenhang zwischen gesellschaftlicher Ordnung und seelischem Befinden zu erkennen gibt[3], stellt sich bedrängend das Problem Langeweile in der Neuzeit. Es sind vier Philosophen zu nennen, deren Werke gleichsam seismographisch das Problem der Langeweile registrieren: Blaise Pascal (1623–1662), Sören Kierkegaard (1813–1855), Arthur Schopenhauer (1788–1860) und Arnold Gehlen (geb. 1904). Jeder von ihnen kommt von einem anderen Ausgangspunkt zur Wirklichkeit der Langeweile. Was ist sie? Wie wirkt sie? Woher kommt sie? Was ist gegen sie zu unternehmen? Die Antworten auf diese Fragen, aus der Geschichte der Langeweile gegeben, werden in vorläufiger Weise das Problem Langeweile klären.

Als erster kommt im 17. Jahrhundert Blaise Pascal in seinen nachgelassenen Fragmenten, den „Pensées", auf die Langeweile zu sprechen. Bei seiner Einschätzung des Menschen als einem „Schilfrohr, das denkt" (Fragm. 347), ist dies nicht verwunderlich; denn in der Langeweile wird der geheime Widersinn des Menschen greifbar. Der Mensch, einerseits zerbrechlich wie ein Schilfrohr, andererseits als Geist grenzenlos – wie soll solcherlei miteinander harmonieren? Er schreibt dann in den Pensées über die Langeweile:

„Langeweile. Nichts ist dem Menschen so unerträglich, als in völliger Ruhe zu sein, ohne Leidenschaften, ohne Betrieb, ohne Zerstreuung, ohne Aufgabe. Er spürt alsdann sein Nichts, seine Verlassenheit, sein Ungenügen, seine Abhängigkeit, seine Ohnmacht, seine Leere. Sogleich wird dem Grunde seiner Seele die Langeweile entsteigen, die Düsternis, die Traurigkeit, der Kummer, der Verdruß, die Verzweiflung."

Mit psychologischer Treffsicherheit, die verschieden gefärbten seelischen Regungen benennend, beschreibt Pascal das Elend des Menschen. Tiefster Grund der Langeweile ist anscheinend eine menschliche Eigenart (oder Unart?): Er, der eigentlich in Ruhe bei sich ist, sucht aufgrund seiner Nichtigkeit immer wieder der Selbsterkenntnis zu entfliehen. Er entkommt sich aber nicht. Statt Ruhe zu finden, wird ihm die Katastrophe immer deutlicher bewußt. Trifft es doch zu, daß im Gefolge der Langeweile die Verzweiflung mitzieht[4].

Pascal vertieft dort seine Einsicht in das Wesen der Langeweile, wo er von Zerstreuung spricht; er hält sie für das einzige, was uns in unserem Elend tröstet, „und dabei ist sie die Spitze unseres Elends; denn sie ist es, die uns grundsätzlich hindert, über uns selbst nachzudenken, die uns unmerklich verkommen läßt. Sonst würden wir uns langweilen, und diese Langeweile würde uns antreiben, ein besseres Mittel zu suchen, um sie zu überwinden" (Pensées 171). Was ist ein besseres Mittel als die Zerstreuung? Wie wird die Trias „Unbeständigkeit, Langeweile, Unruhe" (Pensées 127) überwunden? In den Pensées kommt Pascal nicht ausdrücklich darauf zu sprechen. Vermutlich wird diese Trias des Elends durch den Einbruch jener Macht in das Leben des Menschen überwunden, von der das berühmte Memorial Pascals vom 23.11.1654 erschütterndes Zeugnis ablegt. Gott ist es, der die Langeweile überwindet und der wie „Feuer, Feuer" erfahren wird. Da endlich geht eine Welt auf, die den Zerbrechlich-Endlosen in eine Unendlichkeit ruft und ihn davon befreit, an sich selbst zu leiden. Pascal deutet mehr auf die Ursache der Langeweile hin, als daß er sie beim Namen nennt: das erschütterte Gottesverhältnis. In dieser Beurteilung der Situation trifft sich mit ihm Sören Kierkegaard.

Ausführlicher als Blaise Pascal beschäftigt sich zweihundert Jahre später, nach der großen Revolution und ihren Umbrüchen geistiger Art, Sören Kierkegaard mit dem Problem der Langeweile. Was er zu diesem schwer zu begreifenden, schwer zu beurteilenden Phänomen gesagt hat, zählt auch heute noch zum Besten; um so mehr Grund, etwas länger bei ihm zu verweilen. Kierkegaard kommt zweimal ausführlich – neben anderen Hinweisen in seinen Werken – auf die Langeweile zu sprechen, einmal in „Entweder–Oder", das andere Mal im „Begriff der Angst".

Im erstgenannten Buch legt er unter der Überschrift „Wechselwirtschaft" den „Versuch einer sozialen Klugheitslehre" vor. Dabei geht er von dem Grundsatz aus, „daß alle Menschen langweilig sind". Er qualifiziert die Langeweile als „verderblich", „abstoßend", als „Wurzel alles Übels" und beschreibt den Ursprung der Langeweile leicht ironisierend so:

„Was Wunder also, daß es rückwärtsgeht mit der Welt, daß das Übel immer mehr um sich greift, da die Langeweile zunimmt und Langeweile eine Wurzel alles Übels ist. Dies läßt sich vom Anbeginn der Welt her verfolgen. Die Götter langweilten sich, darum schufen sie die Menschen. Adam langweilte sich, weil er allein war, darum wurde Eva erschaffen. Von dem Augenblick an kam die Langeweile in die Welt und wuchs an Größe in genauem Verhältnis zu dem Wachstum der Volksmenge. Adam langweilte sich allein, dann langweilten sich Adam und Eva gemeinsam, dann langweilten Adam und Eva und Kain und Abel sich en famille, dann nahm die Volksmenge in der Welt zu, und die Völker langweilten sich en masse. Um sich zu zerstreuen, kamen sie auf den Gedanken, einen Turm zu bauen, so hoch, daß er bis in den Himmel rage. Dieser Gedanke ist ebenso langweilig, wie der Turm hoch war, und ein erschrecklicher Beweis dafür, wie sehr die Langeweile schon überhandgenommen hatte. Danach wurden sie über die Welt zerstreut, so wie man heute ins Ausland reist; aber sie fuhren fort, sich zu langweilen.“[5]

Bei der weiteren Entfaltung dieser nicht nur ironischen, sondern sogar pessimistischen Anthropologie hebt Kierkegaard heraus, daß das Wort „langweilig“ sowohl einen Menschen bezeichnet, der andere langweilt, als auch einen, der sich selbst langweilt. „Diejenigen, die andere langweilen, sind Plebs, der Haufen, der unendliche Menschenklüngel im allgemeinen; die sich selbst langweilen, sind die Auserwählten, der Adel.“[6] War Langeweile bislang das elitäre Vorrecht des Adels – denn für ihn gab es dann ja auch das „unschuldige Vergnügen“ –, so wird mit der Nivellierung der Langeweile das Elitebewußtsein insoweit durchgehalten, daß der Adel seine Situation im Gegensatz zur Plebs erkennt. W. Lepenies kommentiert Kierkegaards Satz daher so: „Zum Adel stilisiert sich nun empor, wer sich rühmen darf, die eigene Misere zu durchschauen.“[7] Doch damit scheint mir die Aussage Kierkegaards nicht hinreichend ernst genommen. Denn er stellt eine Langeweile viel tieferer Art dar, nämlich sich selbst zu langweilen. Kierkegaard spricht daher von einer „prinzipiellen Langeweile“, also einer existentiellen, der eine mehr gegenständliche gegenübersteht. Eine doch auch jenseits der Gesellschaftskritik wichtige phänomenologische Unterscheidung. Nur für die prinzipielle Langeweile träfe das scharfe Wort Kierkegaards (in „Der Begriff der Ironie“) zu: „Langeweile, die inhaltslose Ewigkeit“. Wo aber hat der Mensch seinen Inhalt verloren?

Kierkegaard stellt ferner fest, daß Langeweile durch Arbeit nicht aufgehoben wird, wie man „ja daraus entdeckt, daß die allergeschäftigsten Arbeiter, die in ihrem emsigen Gebrumm am wildesten schwirrenden Insekten, die allerlangweiligsten sind“. Äußeres Tun und pure Aktivität reichen nicht aus, einen gravierenden inneren Zustand unmittelbar zu verändern. Denn Langeweile, „die auf dem Nichts aufruht“, ist auf „Leere“ gebaut. Als solche verwirklicht sie einen „dämonischen Pantheismus“. Dieser wiederum ist allgegenwärtig in allen Stunden, in jeder Situation, in allen Schichten: bei Plebs und Arbeiter ebenso wie beim Adel.

Von dieser umfassenden Aussage her ergibt sich der Übergang zu seinem Traktat „Begriff der Angst“, in dem Kierkegaard behauptet, daß das Dämonische das Inhaltslose und Langweilige sei. Er sieht sich deshalb gezwungen, die Langeweile nur negativ zu bewerten, wenn er ausführt: „Die Langeweile, die Erstorbenheit, ist nämlich eine Kontinuität im Nichts“ und „Das Inhaltslose, das Langweilige, bezeichnet wiederum das Verschlossene.“ Dabei wird das Verhängnis des Menschen darin sichtbar, daß die Form der Inhaltslosigkeit die Verschlossenheit ist, wogegen – nach Kierkegaards Sprachgebrauch – man „nicht in Gott oder im Guten verschlossen sein kann ... Je bestimmter so das Gewissen in einem Menschen entwickelt ist, desto stärker ist er ausgeweitet, ob er sich im übrigen auch von der ganzen Welt abschließe.“[8] Man muß folgern: Gottesferne und Widerspruch zum Guten verschließen in Langeweile, Gottesnähe und Tun des Guten befreien zur „Kurzweil“.

Langeweile als Dämonisches, Dämonisches als Angst vor dem Guten, Dämonisches als Unfreiheit, Freiheit als das „Ausweitende“, Dämonisches als das Verschlossene, das Gute als das Offenbare[9] – diese Antithesen Kierkegaards bringen die Langeweile als zutiefst anthropologische und eminent ethische Wirklichkeit in den Blick. Man kann sie demnach höchstens unterschätzen, niemals aber überschätzen.

Die Negation, die die Langeweile durch ihre „Kontinuität im Nichts“ darstellt, wird von Kierkegaard auf ein Entschwinden des Guten und Gottes zurückgeführt. Ein theologischer Grund also. Arthur Schopenhauer, ein Zeitgenosse Kierkegaards, wenngleich von ganz anderer Geistesart als dieser, bejaht jene Ursachen nicht, die der dänische Philosoph für die Langeweile erkennt. Er produziert in seiner Erklärung jene Originale des Verständnisses, die eine metaphysikfeindliche Kultur- und Gesellschaftskritik noch heute in vielen kleinen und großen Kopien herumreicht. Schopenhauer schreibt die Langeweile wohl zuerst dem Volk, der Plebs zu, dann aber vor allem den Ungeistigen, jenen, die in sich nur Leere haben, die sich in eine äußere Tätigkeit stürzen müssen, in Zeitvertreib und Unterhaltung, um das Dasein in seiner Last ertragen zu können. In seinen „Psychologischen Bemerkungen“ notiert er: „Die Menschen bedürfen der Tätigkeit nach außen; weil sie keine nach innen haben. Wo hingegen diese stattfindet, ist jene vielmehr eine sehr ungelegene, ja oft unerwünschte Störung oder Abhaltung. – Aus dem ersteren ist auch die Rastlosigkeit und zwecklose Reisesucht der Unbeschäftigten zu erklären. Was sie so durch die Länder jagt, ist dieselbe Langeweile, welche zu Hause sie haufenweise zusammentreibt und zusammendrängt, daß es ein Spaß ist, es anzusehn."[10]

Diese Ansicht mag dem pessimistischen Schopenhauer entsprechen; dennoch interpretiert jener die Geselligkeit des Menschen falsch, der sie nur aus der Flucht vor Langeweile erklären will. Sie ergibt sich doch ebenso aus der sozialen Anlage des Menschen, aus seinem Kommunikationsbedürfnis. Ebenso negativ und befremdend ist Schopenhauers Sicht des Menschen, den er zwischen Schmerz und Langeweile gestellt sieht: an einem von beiden krankt er immer. Leidet er Not, dann empfindet er Schmerz; wird er von Not befreit, überkommt ihn alsbald die Langeweile. „Was alle Lebenden beschäftigt und in Bewegung hält, ist das Streben nach Dasein. Mit dem Dasein aber, wenn es ihnen gesichert ist, wissen sie nichts anzufangen; daher das zweite, was sie in Bewegung setzt, das Streben, die Last des Daseins loszuwerden, es unfühlbar zu machen, ‚die Zeit zu töten', d.h., der Langeweile zu entgehen."[11] Die Langeweile scheint ihm nichts weniger zu sein als ein gering zu achtendes Übel: „Sie malt zuletzt wahre Verzweiflung auf das Gesicht." Bei allem unverkennbar negativen Charakter dieser Anthropologie ist Schopenhauers Beitrag zu einer Psychologie der Langeweile insofern bedeutungsvoll, als er eine treffende Definition von Langeweile erstmals bietet. Sie ist ein „mattes Sehnen ohne bestimmtes Objekt"[12]. Grund dieses matten Sehnens ist „immer Leerheit, welche die wahre Quelle der Langeweile ist und stets nach äußerer Anregung lechzt, um Geist und Gemüt durch irgend etwas in Bewegung zu bringen"[13]. Alle Mittel, die Langeweile zu vertreiben, wie Kartenspiel, Unterhaltung usw., befriedigen den Menschen nicht, sind sie ja Genußdinge des Lebens, die außerhalb des Menschen sind. Nur jener, der den Schwerpunkt in sich selbst hat, der geistige Genüsse sucht, kann der Langeweile entkommen. Nur dort überfällt das Leben keine Langeweile, wo es einen „wahren, echten Gehalt" hat „und nicht bloß durch Bedürfnis und Illusion in Bewegung gehalten wird"[14]. Der wahre Gehalt nun ist für Schopenhauer ein „geistiger" Gehalt, ein „humanistischer Wert". Es offenbart sich also in seiner Interpretation der Langeweile sowohl vergangenes Elitebewußtsein als auch moderne Vordergründigkeit – aus der Furcht vor letzten Einsichten. Beide Maßstäbe aber werden dem Phänomen der Langeweile nicht gerecht.

Im Sprung über zwei Jahrhunderte kommen wir nun in unsere Zeit. In ihr äußert sich 1929 Martin Heidegger kurz über das Phänomen der Langeweile in „Was ist Metaphysik?". Er schreibt: „Die tiefe Langeweile, in den Abgründen des Daseins wie ein schweigender Nebel hin- und herziehend, rückt alle Dinge, Menschen und einen selbst mit ihnen in eine merkwürdige Gleichgültigkeit zusammen. Diese Langeweile offenbart das Seiende als Ganzes."[15] In ihr steigt dem Menschen also nicht eine beiläufige Stimmung in die Seele. Im Gegenteil: Das Seiende selbst wird in seiner Ganzheit gesichtet – und zwar schemenhaft, verborgen, fragwürdig, mehr dem Nichts als dem Sein zugewandt. Heidegger nimmt in diesem Text die Langeweile doch ernster, als dies Schopenhauer tut.

Jahre nach ihm, nicht in der Zeit zwischen den Kriegen, sondern in einer Wohlstandsgesellschaft (1963), beschäftigt sich vor allem Arnold Gehlen mit dem Phänomen der Langeweile in einem Beitrag, der den Titel trägt: „Das gestörte Zeitbewußtsein". Wenn das von W. Lepenies der Philosophie Gehlens zugesprochene „melancholische Klima" zutrifft, eben als Konsequenz aus einem Menschenbild, für das die Depression konstitutiv sei[16], dann mußte Gehlen sich einmal explizit zur Langeweile äußern. Er stellt in diesem Beitrag fest, daß die Hektik des geplanten, mechanisierten Lebens keinesfalls die biologischen Rhythmen der Natur umstimmt, daß es zu Störungen im affektiv-leibnahen Bereich kommt. Diese Störungen hängen mit den Zeitverschiebungen zusammen und äußern sich in der Langeweile. „Diese gehört einerseits zu den affektiven, den Stimmungserlebnissen, andererseits ist sie moralisch qualifiziert, ein Abspannungszustand."[17] Die „negativistische Verstimmung der Langeweile" stammt seiner Meinung nach vom Zustand des Vorauslebens her, der uns – falls die Zukunft uns einmal nicht beschäftige – in der Gegenwart unbefriedigt lasse. Wir besäßen nicht die Kraft, geruhsam in der Gegenwart zu leben, fühlten einen quälenden Leerlauf und griffen zu Zerstreuung und selbst wieder langweilendem Zeitvertreib. Als Therapie gegen die Langeweile formuliert Gehlen den für unsere weiteren Überlegungen wichtigen Satz: „Gegen Langeweile hilft jedenfalls auch nicht Bildung, die selbst langweilig wird, sondern hülfe nur Realität, nämlich Erlebnisse, die in sich Zusammenhang hätten und die man in sich ausreifen lassen und moralisch verdauen könnte." [18]

A. Gehlen scheint mir – wenn auch nur andeutend – die beiden Aspekte der Langeweile, wie sie in der Geschichte aufschienen, wieder zu verbinden, einmal das psychologische Phänomen der erfahrenen und erlittenen Leere, zum anderen aber die anthropologisch-metaphysische Qualität dieser Wirklichkeit. Es geht – wie H. Arendt ebenso betont – um die Fähigkeit, Erfahrungen im eigentlichen, substantiellen Sinn zu machen. Diese aber kämen weder im Zustand der Langeweile noch in dem des perfekten Funktionierens zustande. „Zur Wirklichkeit der Dinge gehört doch etwas wie ein Ehrlichkeitsgrad in ihnen, und der ist zeitabhängig, aber tempofeindlich." [19] In dieser anthropologisch begründeten, gewiß zeitkritischen Auffassung eine „aristokratische" Äußerung zu sehen, obgleich sie doch auf Abbau der Langeweile insistiere und keineswegs die Langeweile zu einem Mittel sekundärer Elite-Gefühle mache (W. Lepenies [20]), heißt alle Anthropologie in einen Aristokratieverdacht bringen. Wozu aber wäre das nütze?

Nicht überrascht wird man sein, dort, wo Gehlen von einer Therapie der Langeweile spricht, einen Anklang an S. Kierkegaard festzustellen, der in „Entweder – Oder" sagte: „Du bist ein Hasser aller Tätigkeit im Leben; sehr richtig, denn damit sie einen Sinn habe, muß das Leben Kontinuität besitzen, und die fehlt Deinem Leben." [21] Was dieser Kontinuität nennt, nennt jener „Erlebnisse, die in sich Zusammenhang hätten". Eine Äußerung gegen abrupte Sequenzen im Leben, gegen eine existentielle Schizophrenie, gegen eine ruinöse Totalität.

Diese „Biographie der Langeweile" abschließend soll die Frage beantwortet werden: Wie wird der Tatmensch Faust zum spielerischen Don Juan? Doktor Faustus, verstanden als der Typ des tätigen Weltgestalters, der an sich glaubt und der der Welt sein Gesicht und sein Gesetz aufprägt, erliegt immer mehr der Dynamik der eigenen Tatkraft und der Faszination seines Werks; er verliert sich an die Technik. Was Emanzipation sein sollte, wird als neue Unfreiheit spürbar; denn die in die Welt gesetzten Sachen entwickeln ihre eigene Dynamik. Allein im spielerischen, distanzierenden Unernst des Don Juan – es ist dabei nicht an Mozarts Don Giovanni gedacht – gelingt es ihm, der Entfremdung durch die Technik zu entkommen. Er gerät dabei in die

Arme der Langeweile. Was Wunder, daß es Don Juan „sterbenslangweilig" wird, wie wir sagen, und daß er auf der Jagd nach dem Genuß zum Spießer entartet.

b) Der Begriff der Langeweile – oder: Wie verliert das strebende Subjekt sein Objekt?

Eine ausgearbeitete Psychologie der Langeweile steht einstweilen noch auf einer Wunschliste für die psychologische Wissenschaft. Wie es scheint, liegt dieses epochaltypische, menschliche Verhalten jenseits der wissenschaftlichen Aufmerksamkeit unserer Universitäten, obgleich doch die Beziehung der Langeweile zu Drogen, zum Selbstmord, zur Neurose nicht von der Hand zu weisen sind[22]; denn in den meisten psychologischen Handbüchern kann man nicht einmal das Stichwort „Langeweile" finden. Nur O. F. Bollnow beschäftigt sich in seinem Buch „Das Wesen der Stimmungen"[23] am Rand mit der Langeweile, und W. J. Revers hat zu unserem Thema eine kleine Studie verfaßt, deren wichtigste Ergebnisse hier vorgelegt und interpretiert werden sollen. Der vieldeutige Begriff Langeweile wird dabei an Kontur gewinnen. Nur mittels eines präzisen Begriffs wird es möglich sein, zu einer Therapie der Langeweile einiges beizutragen.

J. W. Revers stellt im Menschen eine Triebspannung fest, die er als biosphärische Komponente der Langeweile bewertet. Seiner Meinung nach „drängt in der Langeweile die Unfähigkeit zur Triebentspannung durch selbsttätiges Wirken und damit die Abhängigkeit von der Wirksamkeit eines ‚ganz anderen' ins Bewußtsein"[24]. Mit anderen Worten kann man Langeweile als Triebspannung (Bedürftigkeit) in der Haltung der Teilnahmslosigkeit definieren. Anders als der Schüler E. Rothackers definiert ein Freudianer den gleichen Zustand. A. Winterstein schreibt: „Vom Standpunkt der Libidotheorie aus betrachtet, dürfte das Gefühl der Langeweile meistens dann gegeben sein, wenn die durch narzißtisches Zuviel bedrängte Psyche vergeblich nach objektlibidinöser und destruktiver Betätigung verlangt. Dies ist der Fall, wo jemand ‚sich' langweilt."[25] Beide beschreiben also einen Spannungszustand, dem sein Objekt fehlt. Daß dabei im Wort „Langeweile" das Bedürfnis in Beziehung gesetzt wird zur Empfindung der Zeit, beweist nur, daß die Geschichtlichkeit des Menschen eine spezifische Form seiner Endlichkeit ausmacht.

Die Haltung der Teilnahmslosigkeit kann nun durch jenen inneren Anstoß überwunden werden, den wir das *Interesse* nennen. Unter der Voraussetzung: es ist überhaupt eine Triebregung vorhanden, wird die Aufforderung zu einem Tun und einem Streben gegeben. Das Interesse wiederum hängt außer von der Grundrichtung der Strebung von der Bedeutsamkeit des Zeichens ab, das provoziert, fordert, „wirkt". Zwischen dem, was mich ruft, und dem, was ich bin, besteht also eine innere Entsprechung. Dort also, wo etwas – ein Mensch, ein Ding, ein Tun – für mich von Bedeutung ist, deute ich einschlußweise mich und meine Existenz, verdeutliche ich mein Selbstverständnis und meinen Lebenssinn. Finde ich aber kein „bedeutendes" Objekt, bleibe ich müßig; es langweilt mich. „Zur Langeweile führen Strebungen, deren Wirksamkeit auf ein Ziel hin nicht zugleich Selbstverwirklichung ist." [26] Aus dieser Einsicht wird etwa die langweilige Arbeit verständlich, in der man mit höchster körperlicher Anstrengung sich engagiert: Man findet in aller Wirksamkeit nicht die Selbstverwirklichung, die man sucht. Mit diesem Hinweis auf die Bedeutung der Selbstverwirklichung präzisiert Revers seine erste Definition von Langeweile, die übrigens deutlich von Schopenhauer abhängig ist: „Langeweile ist das Erlebnis einer ziellosen Strebung." [27] Um zusammenfassend Interesse und Langeweile noch einmal miteinander zu konfrontieren, müßte man sagen: Interesse meint jene Haltung des Subjekts, das auf ein Objekt gespannt ist, welches ihm die Lösung der Spannung – in Selbstverwirklichung – verheißt; Langeweile aber enthält nur ein zielloses Streben (ohne jeglichen Wert an Selbstverwirklichung).

Wenn wir – im Fortgang des Gedankens – nun die Langeweile von der *Muße* abheben, wird sie uns in ihrer Wirklichkeit um ein weiteres Stück verdeutlicht. Muße wird verstanden als „Zustand der Ruhe des wachen Menschen" [28]. Dabei nimmt die Muße den Mittelplatz zwischen Tiefschlaf und absoluter Erregungslosigkeit ein. Man könnte sie einen Traum mit offenen Augen nennen. Für den Menschen in Muße ist die gegenständliche Außenwelt vorhanden, aber sie existiert nur als verschwimmender Horizont, als ein Irgendetwas, als ein Anlaß zur Selbstunterhaltung. Unterhalten uns im Interesse die Objekte, so unterhalten in der Muße wir uns selbst. Dabei sind wir nicht von der Faszination eines Gegenstandes ergriffen, sondern wir sind hingegeben an unsere eigene Lebendigkeit und innere Produktivität, sind überantwortet der Phantasie, der Imagination, der bildhaft-emotionalen Vorstellungskraft des Seelengrundes.

Nun läßt sich nicht bestreiten, daß auch im Bereich der Muße Langeweile auftreten kann. Diese ereignet sich dann, wenn die innere Gestimmtheit, sozusagen der Eigentonus, leerläuft. Wer oder was verursacht diesen Leerlauf? Eine zweifache Möglichkeit bietet sich an. Im einen Fall wird der Mensch von einer derartigen chronischen Gespanntheit in Beschlag genommen, daß er sich nicht mehr beruhigen kann. Dieser Mensch ist so sehr auf die Außenwelt orientiert, daß die eigene Vorstellungswelt unbeachtet bleibt. Im Volksmund sagen wir: Er ist „außer sich", er ist „oberflächlich", er ist „ausgegossen über alles". – Im anderen Fall läßt der Mangel an Innerlichkeit es zu keiner inneren Bewegung, zu keiner Ergriffenheit, gleichsam zu keinem Echo kommen. Wir sagen: Dieser Mensch ist „innerlich ausgedorrt", er ist „nicht mehr ansprechbar". Muße und Langeweile unterscheiden sich also wesentlich dadurch, daß Muße ein positives, geordnetes, erfüllendes Verhalten zur Außenwelt darstellt, Langeweile hingegen ein negatives, gestörtes, frustrierendes Verhalten.

Zusammenfassend wäre hier zu sagen: Langeweile, die sich aus Mangel an Interesse ergibt, könnte man als gegenständliche Langeweile bezeichnen. „Etwas langweilt mich", sagen wir in unserem Sprachgebrauch. Wir unterscheiden davon treffsicher eine Langeweile, die im Gegensatz zur Muße gesehen wird. Man könnte sie als zuständliche Langeweile beschreiben; denn wir sagen ja richtig: „Ich langweile mich." Kierkegaard nennt letztere eine „prinzipielle Langeweile".

Nach dieser ersten grundsätzlichen Klärung in Konfrontation mit Interesse und Muße, bei der sich auch der Begriff der Langeweile ergab, sollen – wiederum im Anschluß an J. W. Revers [29] – drei Formen von Langeweile unterschieden werden.

Zuerst wäre die primäre Form der Langeweile zu nennen: die zuständliche. In ihr ist der Mensch offen, spielbereit, ausgerichtet auf ein Objekt der Triebentspannung, des Genusses hin. Man könnte diese primäre Form die *pathische Langeweile* nennen; denn sie beschreibt einen Zustand der Empfänglichkeit, der zugleich die Aufforderung an den Menschen einschließt, ein der Spannung angemessenes Ziel zu finden. Im Unterscheiden und Abwägen, in einer gültigen Wahl kann dieses Ziel getroffen werden.

Sekundär dagegen ist die gegenständliche Langeweile, tritt sie doch dann auf, wenn das Interesse an einem Objekt, das ich aufgrund meiner Wahl gefunden hatte, sinkt. Sie entsteht zumal dort, wo die einzelne Handlung nur von der Absicht des Genießenwollens getragen ist. Revers möchte diese Langeweile die *dynamische Langeweile* nennen, wohl deshalb, weil sie von Objekt zu Objekt forttreibt. Diese Dynamik wird dadurch provoziert, daß der Mensch nur seine subjektiven Bedürfnisse zu erfüllen sucht, ohne den objektiven Gehalt der Wirklichkeit zu akzeptieren und ohne ihm gerecht zu werden. Die Verwechslung, die dabei stattfindet, ist die von Wert und Lust, auf die übrigens V. E. Frankl immer wieder hinweist. Glück und Freude ergeben sich „auf dem Rücken" der guten Tat und des Wertes, wie Max Scheler formulierte. Wo es einem nur um die Lust geht, vergeht sie einem schon. Und so endet – zumal aufgrund der notwendigen, je neuen Enttäuschung – diese Weise des „Spielens" in dem Fiasko, daß es selbst langweilig wird. Diese Art des spielerischen Genießens kann nur dadurch vor der zerstörerischen Langeweile bewahrt werden, daß das Spiel in die Muße, in den Schlaf oder in die ernsthafte Beschäftigung mit an sich interessanten Gegenständen übergeht.

Die dritte Form der Langeweile entsteht endlich dort, wo die Unverbindlichkeit der Spielattitüde so radikal übernommen wird, daß dadurch auch die ethischen Grundlagen der Persönlichkeit angegriffen werden. Diese Form der Langeweile bezeichnet Revers als *hektische Langeweile.* Auf sie trifft J. P. Sartres Definition zu: „Leerlauf der Transzendenz". Gerade sie zeigt an, daß schlecht gewählt wurde, daß der persönliche Einsatz vermieden wird, daß die der objektiven Wirklichkeit nicht gerecht werdende Einstellung des subjektiven Genusses vorherrscht, daß alles wie ein leichtfertiges Spiel betrieben wird, daß ein letzter, übersteigender Sinn fehlt. Erst diese hektische Langeweile darf man als pathologisch bezeichnen. Sie ist im wahren Sinn des Wortes eine „moralische Erscheinung" (Fr. Sieburg) – und man kann nur O. Weininger zustimmen, für den sie ein „eminent unethisches Gefühl" ist, „weil nur dadurch wirklich zu definieren, daß die Einsinnigkeit der Zeit in ihm aufgehoben erscheint"[30].

Ein Beweis für die Richtigkeit dieser Unterscheidung scheint mir darin zu liegen, daß J. W. Revers mit A. Gehlen übereinstimmt, der Langeweile auch dort entdeckt, wo keine Realität mehr vorhanden ist, die in sich Zusammenhänge hat und die man ausreifen und moralisch verdauen kann. Daß die hektische Langeweile unmittelbar das Problem eines letzten Lebenssinnes tangiert, liegt auf der Hand. B. Hübner hat diesen Zusammenhang in seiner Freiburger Dissertation gut herausgearbeitet: daß Langeweile und Sinn, Sinn und Wert, Wert und Sein untrennbar voneinander sind. Seine positive Folgerung kann man ohne Abstriche unterschreiben: „Je mehr die Sinnwerte des Daseins den einzelnen transzendieren, um so weniger ist das Dasein für die Sinnlosigkeit und damit die existentielle Langeweile anfällig.“ [31] Unter Sinnwerten versteht er Gott, Kultur, Vaterland – also Wirklichkeiten (und darauf legt er besonderen Wert!), die im letzten auf einem Glauben beruhen.

Der Begriff der Langeweile wurde hiermit differenziert vorgestellt; es wurde darin hoffentlich auch klar, wodurch das strebende Objekt sein Subjekt verliert. Dem Menschen mangelt die Fähigkeit, die Wirklichkeit (als totale, ganze, objektiv sich gebende) vor-kommen zu lassen; er geht dadurch der Welt verlustig. Hat die objektgebundene Langeweile noch eine Beziehung von Subjekt zu Objekt, so ist in der existentiellen oder hektischen Langeweile diese Beziehung auch noch verlorengegangen. Das Ich steht gegen die Welt. Mit anderen Worten: Die Grundstruktur des menschlichen In-der-Welt-Sein bricht zusammen. Diese Inversion des Menschen könnte noch präzisiert werden als grenzenlose Ichbezogenheit, in der der Mensch das Maß aller Dinge und das Ziel jeden Genusses wird. Inwieweit diese Unfähigkeit reflex angestrebt wird, ist dabei eine andere Sache, da Prozesse einer seelischen Verkümmerung bekanntlich lautlos vor sich gehen und erst im Nachhinein die seelische Leere an unerwarteten, erschreckenden Ereignissen offenkundig wird.

c) Die Therapie der Langeweile – oder: Wie findet der moderne Mensch wieder zurück in die Totalität seiner Welt?

Das, was Therapie der Langeweile meint, kann umformuliert werden in die Frage: Wie findet der moderne Mensch wieder zurück in die Totalität seiner Welt? Die Unterscheidungen im Begriff der Langeweile erlauben eine differenzierte Betrachtung der Probleme und Aufgaben. Es wird dabei sichtbar werden, daß Langeweile selbst Therapie sein kann und daß Langeweile therapiert werden muß.

(1) Therapie durch Langeweile

Von einer Therapie durch die pathische und dynamische Langeweile, die wohl auch erlitten werden, die wohl auch Erlebnisse ziellosen Strebens sind, kann man deshalb sprechen, weil sie zugleich zur Wahl der Strebensart und zur Wahl eines bedeutungsvollen Objektes zwingen. Dadurch wird diese Langeweile zu einem kostbaren Intervall zwischen Fremdbestimmung und Selbstbestimmung, zu einer Zeit der Ernüchterung, des Abschaltens (wie man sagt), des Auftauchens aus dem Strudel alltäglicher Ereignismassen. Diese Art der Langeweile aktiviert also das Ich mit seinen Strebungen und seinem Verlangen. Wie bekannt, stellt sich diese Art der Langeweile oft beim Beginn eines Kur- oder Badeaufenthaltes ein. Der Kurgast wird daraufhin unruhig: Er fühlt sich frustriert, weil er aus der üblichen Welt seiner Befriedigung herausgenommen ist; er kann sein gewohntes Kräftepotential nicht aktivieren und jene Bestätigung nicht finden, die seine Selbstverwirklichung ihm beiträgt.

Der Patient steht am Scheideweg. Zwei Möglichkeiten bieten sich an. Die eine heißt: Flucht aus der Situation, eine Flucht, die jeden bleibenden Heilungserfolg von vornherein in Frage stellt. Fluchtwege eröffnen sich im hektischen Zeitvertreib, im forcierten Genuß von Rauchwaren und Alkohol, in Amouren (der Kurschatten sei nur am Rande erwähnt [32]). Mögen diese Verhaltensweisen auch moralisch bewertbar sein, im Moment steht dieser Aspekt nicht zur Debatte. Anthropologisch und medizinisch qualifiziert, handelt es sich bei diesen Ausflüchten um Surrogate, die die Langeweile überwinden sollen. Die Chance der Langeweile, nämlich in echter Selbstbestimmung aus der auch organisch schädlichen, entfremdenden, vegetativ dissoziierenden Hektik herauszugeraten, wird vertan.

Die andere Möglichkeit heißt: Die Langeweile aushalten und durchstehen, um dadurch auf neue Weise zu einer echten Selbstbestimmung, zu einer gültigen Selbstverwirklichung zu kommen. Jede Situation des Zwischen partizipiert an der Unerquicklichkeit des Niemandslandes. So wird der Kurgast diese Situation nur durch jeweils neue Ermunterung von seiten des Arztes und durch Vermittlung jener Hoffnung bestehen, die sich aus der Einsicht in die therapeutische Motivation ergibt.

Was tun in dieser Situation? Ausruhen und die Flucht der Gedanken und inneren Bilder über sich ergehen lassen, das anregende oder unterhaltsame Buch als Entspannung nützen, das Gespräch mit einem „Leidensgenossen" suchen, durch körperliche, ärztlich verantwortete Anstrengung müde werden, ohne in Apathie oder Resignation zu verfallen[33]. Diese Anregungen münzen die Chancen der pathischen und der dynamischen Langeweile in eine Therapie um.

(2) Therapie der Langeweile

Die hektische Langeweile – wir sagten es schon – macht einen pathologischen Tatbestand aus; in ihr liegt das eigentliche Problem des modernen Menschen. Wie interessant es nun auch wäre, die Frage zu verfolgen, ob es eine kollektive Langeweile in der Art einer Kollektivneurose gebe – es muß hier davon abgesehen werden wie von der Behandlung der Frage: Inwieweit trägt der Arbeitsrhythmus, die Leistungskontrolle, die Geplantheit und die Mechanik unserer wirtschaftenden Gesellschaft zu dieser Selbstentfremdung bei, die sich dann in Langeweile umsetzt? Wie auch immer – die Langeweile ist sozusagen eine öffentliche Tatsache. Sie offenbart sich deutlich im ansteigenden Gebrauch von Surrogaten, in neuester Zeit von Drogen. Das langweilige Leben soll durch extreme Sensationen herstellbarer und verfügbarer Art aus seiner Lethargie gerissen und in eine neue „sinngebende" Aufregung versetzt werden. Dabei gerät dieser Flüchtling nicht nur in den Kreislauf von Langeweile zu Genuß zu Langeweile, sondern auch in einen sich potenzierenden Kreislauf, so daß die Langeweile und die subtilere Genußsucht sich gleichsam auf einer Spirale hochschrauben – und mit ihnen die Verzweiflung. Der eigentliche Grund dieser Langeweile besteht – wie aus dem zweiten Kapitel zu entnehmen war – darin, daß die Unverbindlichkeit des Lebens, ausgedrückt im Spielerischen als Lebensform, gemäß der Devise: der Mensch ist ein Harlekin, eine Puppe, eine Marionette, gerade den Zugang zu jenem sinngebenden, befreienden Lebensernst verwehrt, den eine echte Entscheidung in Verantwortung ermöglicht.

Diese hektische Langeweile bedarf der Therapie, ist sie doch sekundär zumindest auch ein physiologisches und physisches

Phänomen, nicht nur ein psychisch-psychologisches. Die Therapie soll unter die drei Stichworte: Ganzheit, Wirklichkeit und Entschiedenheit gestellt werden.

Ganzheit als Therapie der Langeweile greift zuerst einmal jene psychosomatische Medizin auf, die es sich nicht mehr leisten kann, Fälle, Symptome, Krankheitsbilder abgegrenzter Art zu kurieren, sondern die an der Erkenntnis festhält: Was immer am Menschen „krank" sein mag, der ganze Mensch ist krank. Krankheit ist ein psycho-physisches Phänomen. Die Überheblichkeit von E. Virchow, er habe in den langen Jahren seiner chirurgischen Tätigkeit eine Seele nicht gefunden – vermutlich hat er dabei nur seinen Tribut an die antimetaphysische Einstellung seiner Zeit entrichtet! –, gehört hoffentlich dem letzten Jahrhundert an, obgleich ähnliche Gefahren, den Menschen mißzuverstehen, heute sicher aus dem „Dr. Computer" erwachsen können, der keineswegs die subjektive Individualität des kranken Menschen erfassen und bewältigen kann. Eine Lochkarte, ein Magnetband kann viel aufnehmen, aber ärztliche Aufmerksamkeit und Intuition im Dialog sind unersetzbar.

Ganzheitlicher Therapie im Sinne einer psychosomatischen Medizin geht es – auch nach Auskunft von A. Mitscherlich – um die Respektierung des psychischen Hintergrunds des Krankheitsgeschehens, um die Exploration jenes verursachenden Syndroms, in dem psychische wie organische Faktoren ihre Rolle spielen. Damit verlangt – als weitere Forderung dieses Prinzips Ganzheit – die Psyche ihren Respekt. Therapeutische Kenntnisse besitzt heute, wenn auch in unterschiedlichem Umfang, gewiß jeder Arzt. Sie werden gerade dort vonnöten sein, wo ein Kurgast etwa über sehr allgemeine Beschwerden klagt, die medizinisch kaum relevant sind, die aber dennoch das Gesundheitsempfinden sehr beeinträchtigen. Probleme der Selbstannahme, der sozialen Umwelt, des Prestiges und der dadurch bedingten Leistungsfähigkeit sind psychologische Tatbestände. Sie werden erhoben im Dialog. Nicht ohne Grund entwickelt sich heute die Gesprächstherapie (C. R. Rogers, R. Tausch). In ihr können gerade jene Gründe der Langeweile dem Arzt wie dem Patienten ins Bewußtsein kommen, die dann etwa Überforderung, mangelnde Anpassung, überfordernde Angepaßtheit, andauernde Situation der Geringschätzung, perfekte Streß-Situation heißen.

In der Verfolgung dieses anthropologischen Ansatzes muß noch ein Schritt weitergegangen werden. In manchen Krankheitsbildern wird es gewiß Rätsel und unbekannte Faktoren geben, die man als „seelisch“ im religiösen Sinn bewerten muß, da sie im Zusammenhang mit Lebenssinn, Schuld, Gotteserfahrung (oder Erfahrung der Abwesenheit Gottes) auftreten. Hier wird heute zusehends der Platz einer spezifischen Seelsorge sichtbar. Wenn die beiden Kirchen immer mehr die Kurseelsorge fördern, geht es ihnen dabei nicht um neue, vorgeschobene Machtpositionen, sondern um den wohlverstandenen Dienst am Heil des Menschen. Ob ein Arzt die persönliche Freiheit besitzt, einen Kurgast in einer seelischen Notsituation auf einen Seelsorger, den er am besten persönlich kennt, hinzuweisen, ist nicht nur ein Problem seiner menschlichen Liberalität, sondern auch eine Frage an seine ärztliche Kunst, vorausgesetzt er hat eingesehen, daß eine Therapie der Langeweile ein Problem der anthropologischen Ganzheit ist, aus der man nicht blind und willkürlich Metaphysik, Transzendenz, Glaube, Gott und Kirche tilgen kann. Der ganze Mensch, der nicht in spielerischer Marotte einen Teil seines Selbst auf Kosten des anderen ins Spiel bringt, sondern der in harmonischer Entfaltung die volle und gesunde Verwirklichung sucht, ist die Zielvorstellung jener Therapie, die der entfremdenden Langeweile Herr wird[34].

Der zweite Begriff in dieser Therapie heißt *Wirklichkeit.* Es steht nun die Beziehung zwischen Subjekt und Objekt, zwischen Menschen und umgebender Wirklichkeit zur Debatte. Die Welt, in der wir leben, ist ein großes potemkinsches Dorf: eine Welt des Scheins, der Fassade, der projektierten, unerfüllbaren Wünsche, des Prestiges, des Konformismus – auf jeden Fall eine Pseudowelt. Wäre sie ein Märchen, so wäre sie uns als Traumwirklichkeit bewußt. Wir aber versuchen in ihr zu leben – und die Massenmedien mit ihren „Erfahrungen aus zweiter Hand“ (H. Freyer) tragen das Ihre dazu bei, die Wirklichkeit in ihrer Tiefe und Härte, in ihrer Seligkeit und in ihrem Glück zu verstellen – bzw. in ihren Dimensionen zu verzerren. Langeweile, als Verlust an Wirklichkeit kann – wie A. Gehlen ausführte – nur behoben werden durch Realität, durch Erlebnisse, die in sich Zusammenhang haben, d.h. keine dissoziierten Wirklichkeitsfetzen sind, und moralisch verdaubar sind, d.h. den Menschen als sittliches Wesen, das er nun einmal ist, weder überfordern noch übergehen.

Die Imperative in dieser therapeutischen Phase würden etwa lauten: Erziehe zur Innerlichkeit, vertiefe die innere Erlebnisfähigkeit, ermögliche Meditation, führe in die Stille, wecke eine gewisse transzendentale Ansprechbarkeit usw. In echter Transzendenzerfahrung – wenn man es anspruchsvoll so bezeichnen will – wird der Zugang zu jener Totalität der Wirklichkeit erschlossen, die die Langeweile überwinden hilft. Wenn bei manchen Ärzten noch eine große Reserve gegenüber Religion und Glaube besteht, so übersieht diese Zurückhaltung (wie verständlich sie im einzelnen Fall auch sein mag!), daß religiöse Akte nach dem Aufweis der Religionspsychologie (K. Girgensohn, W. Gruehn[35]) Ich-Akte sind, die keineswegs an der Peripherie der Person, sondern in ihrer Mitte liegen. Müßte man nicht von solchen Akten eine große integrierende Kraft erwarten können?

Innerhalb des Kurbetriebs ist demnach Stille mehr als akustische Erholung, ist musische Darbietung mehr als Reliquienkult eines antiquierten Bürgertums, ist Anleitung zur Versenkung und Meditation mehr als narzißtische Aktion der Psychohygiene, ist Yoga und autogenes Training mehr als horizontalistische Bewältigung der Sehnsüchte transzendentaler Art. Diese Methoden einer gezielten Einübung in die Begegnung mit Wirklichkeit sind für ein breites Publikum heute noch Neuland. Es geht um „Erfahrungen". Was heißt Leib? Was heißt Licht, Luft, Wasser, Sonne, Wind? Was heißt Stille? Was bedeuten Schmerz, Freude, Glück? Natürlich kann ein Gelehrter im Fernsehen manches Schöne und Tiefe über diese Wirklichkeiten erzählen. Aber die eigene Erfahrung von Leib und Licht, Sonne und Schmerz ist mehr wert; denn sie ist eine Erfahrung aus erster Hand!

Erst aus der Fülle dieser Erfahrungen von Wirklichkeit, die den Menschen die natürliche Wirklichkeit als heilsam und wohl-wollend erkennen läßt, entspringt die Freiheit zur Muße, zum Spiel, zur Freude, zu jener Heiterkeit des Lebens, die allein die erprobte Harmonie von Leib und Seele und Mitmensch und Welt und Gott verschwenderisch verschenkt.

Der dritte Begriff, der in der Therapie der Langeweile eine Rolle spielt, ist der der *Entschiedenheit.* Langeweile hat – wie ausgeführt – etwas mit Wahl und Entschiedenheit auf ein erfülltes Ziel hin zu tun. Es ginge also in der Entschiedenheit gerade um die Einübung jener Freiheit, die über sich verfügt, die eben jene spielerische Verlogenheit in ihrer Distanzierung von Welt und Mensch überwindet und darin sich und den anderen und alles übrige ernst nimmt. Wie übt man Entschiedenheit ein? Indem man die Wirklichkeit in ihrem objektiven Anspruch – nicht nur als Erfüllung der subjektiven Bedürfnisse – vor-kommen läßt; indem man in Staunen, in Ehrfurcht, in Bewunderung, in Geduld, in Zärtlichkeit Umgang mit der Welt hat, sozusagen ein Verhältnis mit der Wirklichkeit eingeht. Dann und nur dann wird einem die Verantwortung bewußt, wird man in die Entscheidung gezwungen und gerade dadurch gelingt der Sprung aus dem Teufelskreis von Genuß und Langeweile zu größerem Genuß und größerer Langeweile. Das Wagnis des Menschen beruht in der Verfügung über sich; es wird durch die Einsicht in die vorgegebene Ordnung nicht geringer; denn der Mensch gewinnt oder verliert sich in der Freiheit. Aus der Konfrontation des Subjekts mit dem Objekt entsteht jene Entscheidung, die auch als sittliche Tat den Menschen prägt. Aus der Entscheidungsfreude wächst aber jene Ich-Stärke, die die anonymen Nötigungen der Gesellschaft (durch Masse, Werbung, Slogans, Standards usw.) bewältigt.

Gewiß erfordern diese Ziele keine geistliche Sonntagsschule, aber sie verlangen die Aktivierung des ganzen Menschen in einer ganzen (nicht „heilen") Welt. Dabei mag eine echte Ermüdung etwas anderes sein als eine Streß-Situation; sie ist eine Grenzerfahrung, zu der man sich demütig bekennen muß. Es mag die Sensibilität für Klima, Speisen und Menschen eine Grenzerfahrung sein, die man nur annehmen kann[36]. Die Annahme seiner selbst gelingt nur in jenem Akt, in dem der Mensch bescheiden ja zu sich sagt. Auf Kosten seiner selbst zu leben mag aufregend sein. Die Show, in der man an sich vorbeilebt, mag viele Applaudierende finden. Beides ist auf die Dauer tödlich – im baren Sinn des Wortes. Ein Blick in die Krankheitsgeschichten von Herzinfarkttoten, von Selbstmördern und Verunglückten bei sogenannten unerklärlichen Autounfällen würde manche Beweise für diese Unterstellung erbringen.

Die Therapie der Langeweile ist in jedem Fall eine Therapie der Totalität, sei es, indem sie den ganzen Menschen ernst nimmt, sei es, indem sie in das „All" dieser Welt einführt, sei es, indem sie den Menschen in seinem (oft unbewußten) sittlichen Anspruch auf Selbstverwirklichung respektiert. Wenn diese Ratschläge noch für den Kur- oder Badeort spezifiziert werden sollten, wäre zu sagen: Die Kur- und Badeorte müssen exemplarische Modelle der Therapie der Langeweile entwickeln. Sie sind nicht nur im Hinblick auf eine Präventivmedizin nötig, nicht nur als

Orte der Regeneration von Kranken und Geschädigten wichtig, sie sind unersetzbare Schulen jener Freiheit, aus der heraus der Mensch in unserer Überfluß- und Überdrußgesellschaft allein überlebt.

Allgemeine Appelle dieser Art sind gewiß rasch formuliert; ihre Applikation auf die alltägliche Praxis eines Kur- oder Badeortes stellen eine schwere Aufgabe dar; denn sie verlangt Phantasie und persönliches Engagement der Verantwortlichen. Hat man aber ein Ziel, eben die Therapie der Langeweile, erkannt, wird man auf Mittel und Wege sinnen, um die Chance des Menschen (auch und vor allem des erkrankten!) zu nützen [37].

5. Tourismus: Auftrag und Chance der Kirchen

Der vierte Weltkongreß für Tourismus-Seelsorge, der vom 4. bis 7. 11. 1970 in Rom stattfand, forderte in seinen Empfehlungen die katholischen Pastoralinstitute zu einem vertieften anthropologischen und theologischen Studium des Tourismus-Phänomens im Zusammenhang mit Leben, Glaube, Kultus, auch auf ökumenischer Ebene auf. „Der Kongreß – heißt es – hat die wachsende Bedeutung des Weekend als Phänomen des Massentourismus in den Vordergrund gestellt. In besonderer Weise hat man die kirchliche Autorität gebeten, den theologischen Aspekt des Sonntags in bezug auf den Tourismus herauszustellen, um sich einig zu werden, wie man den Sonntag inmitten des modernen Lebens heilig halten könnte" (aus den Empfehlungen). Wie ersichtlich wandte sich diese wichtige Tagung – nach dem Erscheinen des „Allgemeinen Direktoriums für die Touristenseelsorge" (1969) und nach der Errichtung der Päpstlichen Kommission für Auswanderer- und Touristenseelsorge (1970) – jenen alltäglichen Problemen zu, die sich auf diesem neuen Feld der Seelsorge in der weiten Welt stellen.

Der vorhergehende dritte internationale Kongreß, vom 18. bis 21. April 1967 in Rom, stand dagegen unter einem viel gewichtigeren Thema: „Die geistigen Werte des Tourismus"[1]. Damals sprachen fünf Kardinäle, und Papst Paul VI. hob bei einer Audienz der 300 Teilnehmer aus aller Welt und aus den verschiedenen Konfessionen die Bedeutung des Kongresses hervor.

Dieses Interesse der Kirche kann eine echte wie eine fragwürdige Modernität kundtun: ersteres wäre ein gültiges, weil dem Menschen als Menschen geltendes Engagement, letzteres wäre der, wenn auch unbewußte Versuch, Wahrheit in Ideologie zu verfremden, und würde den provozierenden Ausspruch Tucholskys bestätigen, die Kirchen liefen atemlos – mit heraushängender Zunge – hinter der modernen Zeit her. Symptomatisch kommt diese doppeldeutige Bewertung in den Überschriften zum Ausdruck, unter denen die kirchlichen Pressedienste Deutschlands die Nachricht über den dritten internationalen Kongreß brachten. Der evangelische Pressedienst vom 24. 4. 1967 schrieb sachlich: „Tourismus – eine Aufgabe für die Kirchen“, die Katholische Nachrichtenagentur äußerte sich am 22. 4. 1967 anspruchsvoller: „Tourismus – Symbol für die Suche nach Gott“. So wenig anstößig für einen Gläubigen diese Symbolisierung sein mag, so ärgerlich ist sie für den modernen Menschen; er empfindet es als unfair, wenn unversehens sein natürliches Verlangen und Tun religiös interpretiert wird. Was als Aufwertung gemeint war, wird als Abwertung aufgefaßt: Die Kirche verliert an Kredit.

Wenn die Kirche jede auffällige Praxis des heutigen Menschen, die entfernt einer religiösen Übung (etwa einer Wallfahrt) ähnelt, religiös verstehen und jedes schwer erklärbare Verhalten (z.B. den Tourismus der Massen) bis auf seine sogenannten „letzten“ Ursachen zurückverfolgen will, macht sie sich unglaubwürdig; denn sie realisiert weder die komplexe Situation des Menschen im 20. Jahrhundert, die sich jeder monokausalen Erklärung entzieht, noch wird sie den Dingen in sich selbst gerecht. Daß die Dinge der Welt ihre Eigenwirklichkeit und ihren Eigenwert besitzen, zählt zu den erfreulichsten Aussagen des II. Vatikanischen Konzils. Die Massenphänomene unserer Tage wie Freizeit, Urlaub, Tourismus sollte man ohne viel Aufhebens diesen Dingen der Welt hinzurechnen.

Eine sachgemäße Beurteilung müßte auf die Ergebnisse der Soziologie und Sozialpsychologie schauen, um in ihnen die Wirklichkeit zu ergreifen, die sich dann anthropologisch oder auch religiös deuten läßt. Wer diesen zweiten Schritt vor dem ersten tun will, mißachtet die Logik seines Denkens, wie gläubig und fromm er sonst auch sein mag. Indem er auf die Analyse des Phänomens verzichtet, kommt er wohl zu handlichen Resultaten, deren Vorläufigkeit und Fragwürdigkeit aber in dem Maße wachsen, als sie in Prinzipien des Handelns umgesetzt werden sollen.

Sieht man von der Gefahr eines zweideutigen Aggiornamento ab, ist es als ein hoffnungsvolles Zeichen der nachkonziliaren Kirche zu werten, daß sie sich in ihren höchsten Vertretern mit diesen Zeiterscheinungen beschäftigt und die Unheilsrufe einer pessimistischen, wenig ergiebigen Kulturkritik nicht aufnimmt.

Wer kritisch die Gegenwart betrachtet, wird ihre Nachteile nicht übersehen; wer aus romantischem Idealismus an der Vergangenheit haftet oder in einer abstrakten Utopie bereits in der Zukunft lebt, wird ihre Vorteile nicht wahrnehmen. Die Kirche hat sich allmählich damit abgefunden, daß sie soziale Strukturen nicht mehr mit Macht setzen oder verändern kann, weil Staat und Gesellschaft säkularisiert sind und weil Massenphänomene als Großformen sozialen Handelns ihre Eigengesetzlichkeiten entwickeln. So entspringt der Wille, präzise Einsicht in die Zeit zu nehmen, nicht der Resignation, die in einer zeitbedingten Ohnmacht gründet, sondern in jener Heilssorge, die sich dem ganzen Menschen zuwendet: nicht „Seel"-Sorge, sondern Sorge um den ganzen Menschen. Weil dieser Mensch aber in soziale Strukturen, Rollen und Vorgänge verflochten ist, sind diese sozialen Strukturen, Rollen und Vorgänge in den Blick zu nehmen, um von diesen Ansatzpunkten her den immer gültigen Auftrag der Kirche für die heutige Zeit zu konkretisieren.

Somit erhebt sich die Frage: Was sucht der moderne Mensch in Freizeit und Tourismus? Erst dann stellt sich das Problem: Wo verwirklicht sich die Sendung der Kirche? Was ist ihr Auftrag im Dienst am Menschen, und was ist zugleich ihre Chance?

a) Der Tourismus im Spiegel der Statistik

Selbst wenn eine Statistik in sich noch wenig sagt und erst die Interpretation der Daten ihren Aussagewert offenlegt, können einige Ergebnisse der Fremdenverkehrswissenschaft jeden in Erstaunen setzen. Die Zahlen übersteigen jede Vermutung, die in persönlichen Urlaubserfahrungen gründet.

Der internationale Tourismus verzeichnet ein Ansteigen der Ankünfte in der Welt zwischen 1958 und 1968 von 55300000 auf 141000000 Ankünfte, d.h. von einem Index 100 auf den Index 255. Dabei sind besonders große Wachstumsraten in den Jahren 1959/1960, 1963/1964 und 1966 zu notieren. Die Länder mit der größten Entsendekapazität dabei sind: USA, Bundesrepublik Deutschland, Frankreich, Großbritannien, Kanada, die Niederlande, Belgien/Luxemburg, Italien, Schweiz, Österreich, Schweden und Dänemark. Ferner ist anzumerken, daß die meisten Touristenströme sich intra-regional bewegen, d.h. innerhalb Europas bzw. innerhalb der USA[2].

Die touristische Statistik berichtet für die Bundesrepublik Deutschland für 1970 von 23 Millionen Touristen. Man rechnet 1975 mit 29,3 Millionen und 1980 mit 33,5 Millionen bundesrepublikanischen Touristen. Im gleichen Zeitraum werden sowohl die Anzahl der Urlaubsreisen, die Länge der Reisedauer als auch das aufgewendete Geld zunehmen[3]. Dabei ist interessant, daß die durchschnittlichen Reisekosten 1970 einschließlich Nebenausgaben sich pro Kopf auf DM 491.– beliefen. Insgesamt wurden von westdeutschen Urlaubern 1970 ca. 14 Milliarden DM ausgegeben[4].

Diese „großen Zahlen“ bedürfen einer weiteren Differenzierung, um ihre Bedeutung zu ermessen. Für das Jahr 1964 ergab sich dieses Bild: Heilbäder und heilklimatische Kurorte weisen die meisten Übernachtungen auf. Ihnen folgen unmittelbar die Luftkurorte. Als Beispiel sei Bad Reichenhall genannt, das 1966 1467992 Übernachtungen zählte (München 1963 nur 3452166 Übernachtungen!). Wenngleich Jugendherbergen, Kindererholungsheime und Campingplätze für das Jahr 1964–1965 über einen gewissen Rückgang klagen, sind dennoch die 1100 Campingplätze mit ihren 11 Millionen Besuchern (für 1965) nicht zu unterschätzen. Die Campingplätze nahmen inzwischen an Zahl und Bedeutung zu; sie machen für 1970 9% aller Reiseunterkünfte aus (nach Privatzimmern, Hotels, Pensionen und Unterkünften bei Verwandten)[5].

Durch diese internationale Wanderschaft und landesinterne Fluktuation ergeben sich kuriose soziale Situationen. Die Bevölkerung kleinerer Orte nimmt in der Saison derart zu, daß die Einheimischen in der Schar der Fremden schier untergehen. Murnau in Oberbayern zum Beispiel mit seinen 6839 Einwohnern (Stand vom 31. 3. 1964) berichtet für 1963/64 von 236553 Übernachtungen; Bad Kohlgrub mit seinen 2012 Einwohnern übertraf Murnau noch um 45313 Übernachtungen in der gleichen Berichtszeit. Infolgedessen bleibt von der typisch dörflichen Struktur und Lebensweise wenig übrig.

Diese bemerkenswerten Zahlen ließen sich leicht vermehren – im Hinblick auf bevorzugte Verkehrsmittel, auf beliebte Reiseziele, auf die Reisedauer, auf den Zweiturlaub, auf die touristische Gesellungsform, auf die Zunahme des Ferntourismus usw. Aber bereits dieser nur andeutende Bericht macht nachdenklich und weckt die Frage: Worin liegt der Grund für diesen internationalen Exodus aus Städten und Ländern?

b) Zur Geschichte des Tourismus

Zu einer vorläufigen Erklärung mag die geschichtliche Herkunft des Tourismus beitragen. Zog im 17. Jahrhundert der junge Adelige zu seiner als Bildungsreise inszenierten „grand tour“ aus und begab sich im 18. Jahrhundert der junge Herr auf die Badereise, dann folgte solche Wanderschaft standesgebundenen Traditionen und Privilegien: Bildung, Information, Vergnügen, demonstrativer Luxus. Dem Trieb in die Ferne gab dann auch der sozial aufsteigende, begüterte Bürger des frühen 19. Jahrhunderts nach. Bald zeigte sich der erste organisierte Tourist auf der Bildfläche, und zwar im alten England. Thomas Cook hatte ihn 1841 „erfunden“. Das kontinentale Europa wollte hinter England nicht zurückbleiben: Louis Stangen gründet in Breslau das erste Reisebüro Deutschlands und bietet 1863 „Excursionen“ in die Umgebung Breslaus, 1878 bereits eine Weltreise an. Vorläufer dieser Weltsehnsucht wird der „Baedeker“, dessen erster Band 1827 erscheint. Der Reiseführer vermittelt dem Unerfahrenen Sicherheit, weist den Kulturbeflissenen auf „Sehenswürdigkeiten“ hin und fördert die Weltläufigkeit des bisher unbeweglichen Bürgers. Die Spätgeburt der Romantik, die Begeisterung für die Natur, tut das Ihre: Alpen- und Touristenvereine werden gegründet, sonderbarerweise der erste 1865 in London. Deutschland, Österreich folgen auch hier. Das proletarische Pendant zu diesen mittelständischen Vereinen bilden seit 1895 die „Naturfreunde“. Ergebnis: Alle Schichten des Volkes gehen auf Reisen. Als endlich die Jugend „aus grauer Städte Mauern“ zu Lagerfeuer, Volkstum und blauer Blume aufbricht, „fiel es dann auch nicht schwer, aus den ‚Wanderern‘ in der durch Organisation ‚zusammengestellten‘ Horde Rekruten für den Serientourismus zu machen. Darüber hinaus hat die Jugendbewegung als ‚Wanderbewegung‘ jenseits des Kreises, der an ihr unmittelbar Anteil hatte, auf die Gesamtgesellschaft entscheidenden Einfluß genommen. Ihr ‚touristisches‘ Verhalten wirkt sich sozialisierend auf den touristischen Gedanken innerhalb der Gesamtgesellschaft aus, deren Wertungsgefüge damit in Richtung auf ein Selbstverständlichwerden touristischen Verhaltens gewandelt wurde.“[6]

Interessant wäre es in einer Geschichte des Tourismus zu erforschen, wie sich parallel zu den soziokulturellen Vorgängen, etwa einer Änderung im Selbstbewußtsein von Klassen und im

Auf- und Abstieg von Eliten, die wirtschaftlichen, ökonomischen Organisationen des Tourismus entwickeln, die wiederum in enger Abhängigkeit von den Erfindungen der Technik wie von der Sozialgesetzgebung (tariflich gesicherter Urlaub!) stehen. Auf jeden Fall nehmen wir als Endergebnis der sozialen, kulturellen, technischen und sozialpolitischen Entwicklung den Serientourismus in der heutigen Form wahr, als dessen Charakteristiken H. M. Enzensberger (mit einem kulturkritischen Unterton) herausstellt: „Normung, Montage und Serienfertigung“[7]. Die Reise nach Maß für alle. Dabei würde man sich allerdings täuschen, wollte man hierin eine Nivellierung der Klassenunterschiede erblicken. Privilegierte gibt es auch heute und gerade heute. Ihr Luxus ist teilweise der Komfort des unkomfortablen „einfachen Lebens“.

c) Spontane Antwort der Kirche auf den Tourismus

Wie die Kirche auf alle Zeiterscheinungen reagierte, so ging sie auch auf diesen anwachsenden Fremdenverkehr und Massentourismus ein. Welche Distanzen der Bewertung hierbei durchschritten wurden, markieren zwei Worte der Päpste von 1891 und 1967.

Leo XIII. schreibt in seiner Enzyklika „Rerum novarum“ vom 15. 5. 1891: „Allgemein aber gelte das Gesetz: Man muß den Werktätigen so viel Ruhe gönnen, als sie brauchen, um die ausgegebenen Kräfte wieder zu ersetzen. Freizeit soll ja die abgenutzten Kräfte wiederherstellen.“ Nun geht es bei dieser Forderung nur um die Erfüllung eines Lebensminimums. Man wird dabei mit unguten Gefühlen an ein Wort von Ernst Bloch erinnert: Der Arbeiter bekomme Freizeit nach des Tages Last und Mühe, um sich als Maschine zu speisen und zu ölen[8].

Weitaus fortschrittlicher, weil situationsgerechter, klingt, was Papst Paul VI. in der Audienz vom 21. 4. 1967 sagte: „Alle diese positiven Werte im Tourismus werden von der katholischen Kirche nicht nur anerkannt und verteidigt, sondern sie bemüht sich auch um ihre Förderung und Anerkennung. So erklären sich unsere verschiedenen schriftlichen und mündlichen Äußerungen über diesen Gegenstand, die Ermahnungen, die wir wiederholt und nachdrücklich ihren Studientagungen, Versammlungen und Konferenzen gaben, endlich die Schaffung einer eigenen Dienststelle, die mit dem besonderen Studium der Folgen des Tourismus für das geistige Leben betraut ist, und mit der Koordinierung der apostolischen Bemühungen im Hinblick auf die neuen Bedürfnisse sowohl der Touristen selbst wie auch der verschiedenen Gruppen von Angestellten, die mit deren Betreuung und Bedienung befaßt sind." In diesen Worten spielt der Papst auf die „Commissio de re pastorali peregrinatorum in ambitu internationali" und die internationalen Kongresse an, die 1960 in München, 1963 in Rom, 1964 in Lugano und 1965 in Monaco stattfanden und fortschreitend den Tourismus in Beziehung zu einer missionarischen Seelsorge setzten. Inzwischen verlief diese Entwicklung unter günstigen Vorzeichen weiter: Es wurde im Vatikan für alle touristischen Aufgaben eine päpstliche Kommission gegründet; es wurde ein eigenes „Direktorium für die Touristenseelsorge" herausgegeben; es wurde in den regionalen Bischofskonferenzen dem Tourismus eine größere Aufmerksamkeit geschenkt. Alle diese Aktionen werden motiviert durch die Absicht der Kirche, „ihrerseits mitzuhelfen, daß der Fremdenverkehr, ‚immer getragen von höheren Gesichtspunkten und edlen Absichten: ein wertvoller Beitrag zur Gestaltung der modernen Kultur, ein Band des Wohlwollens zwischen den Völkern und des internationalen Friedens und eine Lebensform werde, die imstande ist, den Geist zu erhebenden Höhen zu führen, würdig des Segens Gottes'" (Allgemeines Direktorium für die Touristenseelsorge)[9].

Im engeren Rahmen der katholischen Kirche Deutschlands kommt seit der Jahrhundertwende zunehmend das Problem Freizeit in Sicht. Während 1909 auf dem Katholikentag in Breslau der Reichstagsabgeordnete Dr. Fleischer sich das erste Mal mit der „edlen Freizeitgestaltung" beschäftigt, führt der Religionslehrer Friedrich auf dem Katholikentag in Nürnberg (1931) aus, daß man wohl grundsätzlich ja zur modernen Freizeitbewegung sage, daß aber das Lebenszentrum des jungen Menschen weiterhin in der Arbeit liegen solle. Die Antwort also bleibt unscharf und verschwommen, da man Arbeit und Freizeit zu sehr von einem humanistischen oder besser: bürgerlich-mittelständischen Menschenbild her beurteilt; da man insgesamt – auch als Nachwirkung des Kulturkampfes – sich noch in einer Defensive befindet.

Nach dem Zweiten Weltkrieg stellt sich 1958 die Arbeitstagung des Zentralkomitees der Deutschen Katholiken in Saarbrücken dem Problem und entwirft einen Aufgabenkatalog „Freizeitaktion für die Katholiken Deutschlands". Darin lautet Punkt 6: „Ausbau der Reise- und Fahrtendienste auch für die Erwachsenen: zum Beispiel Familienfahrten". Punkt 7 fordert: „Ausbau der Ferien- und Erholungswerke: zum Beispiel Freizeithäuser, Familien- und Ferienheime". Auf den folgenden Katholikentagen wird jeweils berichtet, inwieweit das Aktionsprogramm erfüllt wurde. Auch hier fehlen also kritische Analysen der Situation und daraus hervorgehende, begründete Imperative. So bleiben die Entschließungen des Arbeitskreises „Freizeitpflege" bei der Arbeitstagung des Zentralkomitees 1960 in Ettal im allgemeinen: „Der Arbeitskreis begrüßt die vielfältigen Ansätze der Fremdenverkehrsseelsorge, die den veränderten Verhältnissen Rechnung tragen. Er ist aber der Auffassung, daß diese Bemühungen wesentlich verstärkt werden müssen."

Positiver fällt die Bilanz der lobenswerten Seelsorgsaktionen aus, die der Entwicklung des Tourismus parallel laufen und weithin in der persönlichen Initiative einzelner Geistlicher und Laien gründen, obgleich die Motive solchen Tuns nicht das Zentrum des Problems wahrnehmen und oft von Randerscheinungen ausgehen. So war und ist ein Hauptanliegen der Fremdenverkehrsseelsorge der sonntägliche Gottesdienstbesuch. Deshalb die Hinweisschilder an den Ortseingängen, der exemplarische Bau einer Autobahnkirche bei Argelsried (zwischen Augsburg und München), die Feldmessen am Rande der Campingplätze (in Italien wie auch in manchen Diözesen Deutschlands), der Einsatz der bekannten Kapellenwagen, die Einrichtung der Bahnhofsgottesdienste, die auf einen späteren Zeitpunkt verschobene Sonntagsmesse in Kur- und Fremdenverkehrsorten und die Samstagabend-Messe. Damit wird dem Katholiken die Möglichkeit geboten, seine „Sonntagspflicht zu erfüllen".

Einen gewissen missionarischen Charakter besaßen pfarrliche Veranstaltungen, die nicht nur die praktizierenden Gläubigen ansprachen und mit dem Interesse wie mit der Langeweile der Touristen rechneten: Lichtbildervorträge, Heimatabende, Kirchenführungen, Orgelkonzerte, Begegnungsabende zwischen Fremden und Einheimischen. Steht hier der soziale Kontakt im Vordergrund, so ist auf eine persönliche Bereicherung abgestellt der „Bibelservice" [10] und das Angebot von Gebetbüchern für den „christlichen Urlauber" [11].

Wie die Aufzählung ergibt, wird der „christliche Urlauber",

ob gläubig, ob praktizierend, ob der Kirche fern, ob dem Glauben entfremdet, auf mancherlei Art von der Kirche angesprochen. Gerade die Vielfalt der Aktionen weckt den Verdacht, daß zentrale Fragen des Problems ungelöst blieben. Was sucht der Tourist? Wo würde er einen spezifischen Dienst der Kirchen erwarten, ja begrüßen? Wo ist in seinen Einstellungen und in seinem Verhalten der optimale Ansatzpunkt für ein religiöses Leben, für die christliche Botschaft, für den Dienst der Kirche? Antwort auf diese Fragestellungen kann die empirische Soziologie und auch die Psychologie geben, insofern sie sich der Tourismusforschung zuwenden.

d) Zur Soziologie und Psychologie des Tourismus

Urlaub und Massentourismus sind als moderne Erlebnisfelder wenig erforscht. Erste Untersuchungen, welche die Motivation zur Urlaubsreise überhaupt, zur Wahl eines bestimmten Urlaubsortes im besonderen, die Vorstellungen über Urlaubs- und Touristenverhalten erkennen wollen, regte der „Studienkreis für Tourismus" in Starnberg bei München an. Auf seine Veranlassung hin erforschte DIVO „Die Reise im Vorstellungsbild und in den Erwartungen des Touristen" (1962). Diese Umfrage wurde erneut unter sozialpsychologischer und motivationspsychologischer Rücksicht bearbeitet und das Ergebnis in „Urlaub und Reise" (1963) vorgelegt. Ferner war die Tagung des Studienkreises vom 21. bis 23. 1. 1969 in Frankfurt dem Thema gewidmet: „Motive – Meinungen – Verhaltensweisen. Einige Ergebnisse und Probleme der psychologischen Tourismusforschung"[12].

In den ersten Untersuchungen wird bei aller Vorsicht vor Klischees eine doppelte Motivation des Urlaubs und der Urlaubsreise sichtbar: ein „Fort-von" und ein „Hin-zu". Das „Fort-von" kehrt dem Beruf, dem Alltag, der festen Bindung, den Gewohnheiten den Rücken und sucht statt Hektik und Konzentration die Erholung und Entspannung, statt Ansturm von Reizen die Ruhe, statt Übersättigung in gleichförmigem Alltag die Abwechslung, statt der strengen und Zwang ausübenden sozialen Ordnung die Befreiung von Bindungen. Diese Behauptungen werden bewiesen durch die Antworten auf die Frage: Worin liegen die Vorzüge des Urlaubs? Sie liegen – nach dem Urteil der

Touristen – im Ausruhen, Entspannen, Ausschlafen und Ruhehaben (82%), im Herauskommen aus Alltag, Beruf und üblicher Umgebung (51%), in der Tatsache, daß man sich gehen und treiben lassen kann (12%), und endlich darin, daß man etwas für seine Gesundheit tun kann (21%)[13].

Das „Hin-zu“ äußert sich im Erlebnisdrang, in Reiselust, in Urlaubsinteressen und im Prestigewert des Urlaubs. Sicher gibt es in diesen Grundeinstellungen, Erwartungen und Tätigkeiten Unterschiede nach Alter, Geschlecht, Einkommen und Bildung. So sinkt z.B. die Kontaktfreudigkeit mit steigender Bildung und wachsendem Einkommen. Aber auf diese Differenzierungen sei hier verzichtet. Bei der Kontrollfrage: Welche Gründe haben andere Leute, daß sie die Urlaubsreise schätzen? wurden die obigen Ergebnisse bestätigt – mit Ausnahme des Prestigewertes der Urlaubsreise. Er stieg auf 40% an.

Dieser Trend des „Fort-von“ und „Hin-zu“ wird realisiert im konkreten Tun und Lassen des Urlaubers. Hier liegen Spazierengehen und Wandern an der Spitze (73%), gefolgt von Nichtstun, Schlafen, In-der-Sonne-Liegen (67%), Sport treiben oder Sportveranstaltungen besuchen (59%), Tanzen, Sich-Amüsieren, Kinobesuch (33%) usw.[14]. Diese Aktivitäten am Urlaubsort (von 1962) haben sich auch für 1970 nicht wesentlich verändert. 64% der Befragten nennen als ihre Haupttätigkeiten: laufen, spazierengehen, wandern, 48% viel schlafen, ausruhen, 36% herumfahren, um die Gegend kennenzulernen, 33% viel sonnenbaden, um schön braun zu werden, 32% im Meer oder See baden, am Strand liegen, 26% fotografieren, filmen, 25% Sehenswürdigkeiten, Museen, historische Bauwerke ansehen, 23% gut essen, 14% Zeitungen und Zeitschriften lesen, 15% Sport treiben, der nicht so anstrengt[15]. Wie zu entnehmen, ist in den Bildungsinteressen ein leichtes Ansteigen zu verzeichnen.

Wenn man erfährt, daß die Urlaubsreise für die gesellschaftliche Mittelschicht schichtenspezifisch ist, wird darin die Fluchtbewegung aus dem Gewohnten und Alltäglichen noch greifbarer; denn die Reise zählt vorwiegend zum Verhalten der abhängigen Büroberufe. Wer aus den Kreisen der Arbeiter diese Gewohnheit übernimmt, rechnet sich dieser Schicht zu. Flucht – ebenso aus der Umwelt; denn je größer der Heimatort, um so größer auch die Reiseintensität der Einwohner, so daß aus einem Ort unter 2000 Einwohnern nur 13%, aus einem Ort über

500000 Einwohnern aber 42% eine Reise unternehmen[16]. Diese beiden Trends werden durch einen dritten gekreuzt: Mit dem Bildungsniveau steigt der Anteil der Urlaubsreisenden. Hier liegt vermutlich eine Motivation vor, die vom Bildungsbegriff beeinflußt ist[17]. Trotz dieser Einschränkung erscheint im Hintergrund des Massentourismus die Industriegesellschaft mit ihrer Hektik und Konzentration, mit ihrer Arbeitsteilung und Teilbeanspruchung des Menschen, mit ihren Plänen und Standards, mit ihren sozialen Zwängen und Sanktionen. Die gesellschaftlich bedingte Funktion des Tourismus darf deshalb nicht übersehen werden, wenngleich folgende dialektische Erklärung übertreibt: „Der Tourismus hat diesen doppelten Aspekt: Er ist eine Folge der zunehmenden Vergesellschaftung – und ein Herrschaftsinstrument zur Aufrechterhaltung der gegebenen Zustände" (H. Kentler)[18]. Hier wird mit den Herrschaftsbegriffen von Max Weber, die durch eine neomarxistische Ideologie neu besetzt sind, weniger das Vorhandene erklärt als das Gewünschte beschworen.

Dennoch muß der Zusammenhang zwischen Industriegesellschaft und Tourismus wahrgenommen werden, sei es, daß man Arbeit/Alltag auf Urlaub/Freizeit bezieht, sei es, daß man „Konsum" als „Fortsetzung der Produktion mit anderen Mitteln" begreift (J. Habermas)[19]. Selbst dort, wo der Mensch von der Arbeit frei zu sein glaubt, orientiert er sich an ihr. Folglich fällt die Entscheidung über Sinn und Erfolg von Urlaub und Freizeit bereits in Arbeit und Alltag, besser: in einer übergreifenden Sinnbestimmung von beiden, im Begriff eines geordneten Lebens, das in Arbeit und Muße sich selbst überschreitet, weil es auf ein Ziel ausgerichtet ist. Möglichkeiten einer Zielvorgabe: die Selbstverwirklichung der Persönlichkeit im humanistischen Sinn, der Dienst an der klassenlosen Gesellschaft im marxistischen Sinn, der Dienst vor Gott (in der Nachfolge Jesu) und das Geliebtwerden von Gott im christlichen Sinn[20].

Wo Urlaub und Freizeit entarten, wird deutlich, daß eine umgreifende Sinngebung des Lebens nicht vorhanden ist, sonst würde der Mensch nicht im Fragment seines Lebens exzessiv existieren wollen. Je mehr der Mensch sein „Heil" in Urlaub und Freizeit sucht, um so größer wird die Enttäuschung sein; denn die Erwartungen, die er an beide hegt, können sie nicht erfüllen. Es ereignet sich im Ganzen des Urlaubs, was ihm bereits im Teil, nämlich bei der Flucht in die Natur, widerfährt. „Die freie Natur wird damit zu einer symbolischen Verkörperung der Freiheit von ‚unnatürlichen', von der Gesellschaft verordneten Regelungen. Natur wird als Gegensatz von Zivilisation empfunden, die man als etwas Künstliches und Gemachtes ansieht. Das ‚Zurück zur Natur' gehört zu den tief verwurzelten Leitsätzen einer bürgerlichen Ideologie. Wer ‚in die Natur' reisen will, folgt einem romantisch verklärten Freiheitsdrang, einem Zug zum Irrationalen und Anti-Rationalen, der im Grund unter den gegenwärtigen Verhältnissen auch im Urlaub gar nicht in diesem Umfang zu verwirklichen ist." [21]

Mit diesen soziologischen und psychologischen Erklärungen wird die kulturkritische Betrachtungsweise von H. J. Knebel in „Soziologische Strukturwandlungen im modernen Tourismus" überwunden, die sich einseitig des Riesmanschen Begriffs vom „außengeleiteten Menschen" bediente. Es wird darin ferner die These von H. M. Enzensberger modifiziert, der zuzustimmen ist, wo sie den Tourismus als „Fluchtbewegung aus der Wirklichkeit" mit dem treibenden Motor „Glück der Freiheit" begreift, der zu widersprechen ist, wo sie den Privilegien im heutigen Tourismus nicht gerecht wird, weil die Theorie H. Schelskys von der „nivellierten Mittelstandsgesellschaft" zu unbesehen übernommen wird. Gerade deshalb ist der Tourismus zu bejahen, weil das Urteil über die Industriegesellschaft, das er einschlußweise abgibt, so wenig erfreulich ausfällt. Das Urteil lautet: Die Industriegesellschaft treibt immer noch (oder: wieder mehr?) einen Raubbau an den psychischen und physischen Kräften des Menschen. Erst dann wird die Zentrifugalität des Tourismus überwunden werden können, wenn seine weithin irrationalen und zugleich sehr realen Beweggründe erkannt sind. Der heutige Tourismus ist – zumindest einstweilen – ein Symptom einer Industriegesellschaft und einer durch sie bedingten Lebensform, um deren Humanisierung noch gerungen wird.

e) Die Kirche und die Humanisierung der Industriegesellschaft

Ohne Zweifel zählt die Humanisierung der Industriegesellschaft zu den Aufgaben der Kirche. Die Kirche tat – wenn vielleicht auch mit Verzögerung – das Ihre bei der Forderung eines gerechten Lohnes und einer geregelten Arbeitszeit; sie hat sich auch dem Problem des Massentourismus zuzuwenden. Nicht weil sie von Jesus dazu ein Wort hätte, sondern weil sie grundsätzlich der Anwalt des Menschen ist, weil sie einen „Heilsdienst“ am ganzen Menschen selbstlos zu verrichten hat. Je mehr sie sich dabei des Zusammenhangs zwischen Arbeit und Freizeit bewußt bleibt, um so größer wird die Chance sein, über die Behandlung von Symptomen hinauszukommen und zu einer echten Humanisierung der Industriegesellschaft beizutragen.

Verglichen mit einem solchen Programm der selbstlosen Diakonie wird die direkte, oft gut gemeinte Konfrontation mit dem Religiösen – etwa in Symbolen, Bildern und Plakaten – nur als „Konversionsversuch“ aufgefaßt und wird den Touristen mehr schockieren als innerlich bewegen. Ebenso fragwürdig ist es, dem modernen Menschen bei der Flucht aus seiner Wirklichkeit unmittelbar zu unterstellen, er sei dabei auf der Suche nach Gott. Hätte er nicht die Resignation über den Alltag im Herzen, wäre es nicht ausgeschlossen, daß der Hinweg zu einer menschlich-alltäglichen Kirche und zu einem menschgewordenen Gott beschritten werden würde. Obgleich der Versuch, diese Flucht religiös zu vereinnahmen, als pastoraler Einfall naheliegt, wird er ob seiner Naivität ebenso Distanz bewirken wie die unmittelbare Konfrontation mit einem christlichen Anspruch. Die Kirche muß heute erst einen langen, menschlichen Weg mit dem Menschen gegangen sein, bevor sie von Gott reden kann. Dieser Weg ist auch konkret mit dem arbeitenden Menschen zurückzulegen, der sich Urlaub nimmt.

Sobald die Kirche Seelsorge als Sorge um den Menschen schlechthin versteht, wird sie sich bemühen, jene Strukturen zu erkennen, die die unteilbare Wirklichkeit des Menschen verstellen, und jene Situation von innen her zu überwinden, die die Zentrifugalität anstoßen. Konversion zur Realität lautet hierbei die Aufgabe. Wo und wie kann sie geschehen?

Je mehr die Bejahung des Alltags und des Berufs steigt, um so mehr wird die Fluchtbewegung an Heftigkeit verlieren. Kann die Betriebspsychologie, die Arbeitspsychologie, die Umgestaltung der Arbeitsplätze, die Neuordnung der Arbeitszeit, der Aufbau von human relations auch manches zur Vermenschlichung der Arbeit beitragen, ganz leisten können diese Verbesserungen diese Verstärkung der Lebensbejahung nicht. Tiefer setzt an ein Lebensethos, das Arbeit und Freizeit umgreift, im letzten also ein Lebenssinn, der die in Stücke zerbrechende Ganzheit menschlicher Existenz wieder zusammenfügt. Nur dann ist der

Mensch bereit, auf die Realität zu blicken, wenn er hoffen kann, sie als ganze zu bestehen. Nur dort ist aus dem Teufelskreis der Hektik im Alltag und der Hektik in der Freizeit herauszukommen, wo die Wirklichkeit hier wie dort bejaht wird und in einen übergreifenden Zusammenhang eingeordnet werden kann. Ist denn diese Grundeinstellung so wichtig? Besteht nicht gerade das Vergnügen des Urlaubs darin, das Ungemach und Unbehagen zu vergessen und aus dem grauen Alltag ins Blaue zu fahren? Ernst Bloch entlarvt solch naive Erwartungen in ihrer Fragwürdigkeit, indem er über die Reise schreibt: „Jede Reise muß freiwillig sein, um zu vergnügen. Sie braucht dazu eine Lage, die gern, mindestens nicht unlustig, verlassen wird. Das erste Gefühl im Wagen oder Zug, wenn er endlich abfährt, entscheidet über das Kommende. Ist das Reisen erzwungen oder Beruf, also nicht abbrechend-glücklich, so ist es keines. Geschieht es aus der Langeweile, weil einem eben sonst nichts mehr einfällt, so fährt diese mit.“ [22]

Der Alltag fällt das Urteil über das Gelingen von Urlaub und Urlaubsreise. Echte, wenn auch unterschwellige seelsorgliche Aktivität mit langer „Zeitzündung“ hat in der Entwicklung und im Angebot eines modernen Lebensethos anzusetzen, dem Freizeit und Arbeit nicht auseinanderfallen, das im Spiel einen entscheidenden menschlichen Vollzug sieht und dem gerade durch seine Rückbindung an den Kult die Humanisierung der Industriegesellschaft gelingen kann. Die Entfremdung in der Arbeit und in der Freizeit – sei es als Realität, sei es als Gefahr – kann nur durch die Mobilisierung des Innersten im Menschen bewältigt werden.

f) Die Kirche und der Tourist

Die bisherige Tourismusseelsorge legte – wie bereits angedeutet – größten Wert darauf, dem Urlauber die Erfüllung der Sonntagspflicht zu ermöglichen. Solche Mühe kann aus einem Legalismus entspringen, sie kann aber auch in der Einsicht wurzeln, daß das Problem Arbeit/Alltag und Freizeit/Urlaub nur von der heilsamen Mitte her, vom Kult her, zu lösen ist. Der Urlauber kann je nach seinem Empfinden – und dieses wird nicht zuletzt durch die Art der Einladung zum Gottesdienst, durch die Meßgestaltung, durch die Predigt bestimmt! – in der Vordergründigkeit einer zugleich lästigen Pflichterfüllung verharren oder durch die Feier der Eucharistie zu einem wahren Urlaub sich selbst befähigen. Ohne Zweifel wäre jeder Aufwand zugunsten der Sonntagsmesse gerechtfertigt, nur sollten die Akzente der Motivation anders gesetzt werden: nicht zuerst Erfüllung einer Pflicht, sondern Einführung in den Urlaub. Es sieht oft so aus, als täte der Tourist der Kirche einen Gefallen, wenn er den Gottesdienst besucht. In Wahrheit verhält es sich doch gerade umgekehrt: Die Kirche dient dem Touristen, indem sie ihm in der Mitfeier und im Miterleben der Liturgie (nicht aber in moralisierender Predigt oder gar in sittlichen Imperativen auf Handzetteln) die Tür zum Urlaub erst öffnet.

Dem gleichen Ziel dient das Gespräch in Gruppen oder mit dem einzelnen, wie es die „Camping-Mission" in Frankreich, hauptsächlich mit Jugendlichen, versucht[23], wie es die Kurseelsorger in den Ferien- und Kurorten üben[24]. Jenseits der Präsenz der Kirche in den modernen Erlebnisfeldern des Tourismus geht es um den Dienst am Menschen. Auf die Frage: Hat die Kirche für den Urlauber und Touristen eine Botschaft? lautet die Antwort: Ja, sie hat die Botschaft des Heils, das in Wort und Sakrament dem ganzen Menschen gilt. Wo Unruhe, Unerfülltheit, Unfriede, Unglück, Unheil ist, kann weder eine lokale Fortbewegung (wie schnell auch immer) noch eine intensive Ablenkung (wie laut und faszinierend auch immer) Erholung bringen. Die Kirche kann sich bei diesem Anspruch auf die Ergebnisse der psychosomatischen Medizin ebenso wie auf die Logotherapie V. E. Frankls berufen; sie kann sich in ihrem Glauben an die Heilsmacht des Wortes Gottes und der Gnade Gottes halten. Das Heil Gottes heiligt und heilt.

Der missionarische Charakter der Kirche wird durch diese Ausweitung der Seelsorge zur Heilssorge am ganzen Menschen nicht vernachlässigt, sondern wird offenbar als das, was er gemäß dem Vorbild und der Rede Jesu Christi sein soll: Diakonie. Allein in der Liebe werden die Kirche und der Christ glaubwürdig.

Dieser Dienst hat die reale Situation der Industriegesellschaft im Auge. Je mehr der Mensch zur Wirklichkeit, nicht zuletzt zu der seines eigenen Lebens, findet, um so größer wird die Wahrscheinlichkeit, daß er in seinem Leben das Mysterium entdeckt, das wir Gott nennen. Gott läßt sich nur in der Hinwendung zur Realität finden. Der „Konversion zu Gott" und seinem Geheimnis geht die „Konversion zur Realität" (auch in ihrer

Fragwürdigkeit) voraus; aus beiden endlich kann die Humanisierung der Industriegesellschaft gelingen.

g) Der Tourismus: Chance der Kirche?

Der Tourismus strukturiert hauptsächlich in den Monaten Juli bis September alljährlich die sozialen und konfessionellen Verhältnisse der Großstädte und Fremdenverkehrsgebiete um. Nur wo dieser Mobilität entsprochen wird, kann die Kirche die im Tourismus verborgene Chance nutzen. Voraussetzung dazu ist, daß die Kirche ihren Auftrag, dem Touristen zu „dienen", nicht mit halbem Herzen wahrnimmt. Sicher ergeben sich bei dieser Strategie einer zeitgemäßen Seelsorge personelle und finanzielle Schwierigkeiten. Wo sind die Seelsorger zu finden, die in der Sommersaison in den Kurorten die intensive Kurseelsorge ausüben? Wo können Priester und Laien hergenommen werden, die in den Zentren des Tourismus tätig sind? So unüberwindbar, wie auf den ersten Blick die Schwierigkeiten scheinen, sind sie in Wirklichkeit nicht, zumal sich hier ein Vorteil des Zölibats bemerkbar macht: Der katholische Priester besitzt eine viel größere Bewegungsfreiheit als der Geistliche anderer Konfessionen[25]. Da die Institution der „Volksmissionen" vermutlich nicht mehr der soziologischen Struktur unseres Landes und nicht mehr dem Selbstverständnis des heutigen Menschen entspricht, wäre zu überlegen, ob die in Volksmissionen eingesetzten Ordenspriester im Sommer nicht in den Kurorten und im Winter in den Zentren des Wintersports wirken könnten (vorausgesetzt natürlich, sie sind menschlich dazu geeignet und sind fachlich dazu vorbereitet!). Für die Campingseelsorge sollten jene Priester, die in den weithin entvölkerten Großstädten – vor allem in der City – und durch die geringere Anzahl der Gottesdienste frei sind, berufen werden. Diese Aufgaben können nur bei interdiözesaner Zusammenarbeit bewältigt werden; sie sollten die Bischofskonferenzen beschäftigen.

In der evangelischen Kirche gibt es die „Tutzinger Empfehlungen des evangelischen Arbeitskreises für Freizeit und Erholung an die Gliedkirchen der EKD in der Bundesrepublik" und eine „Ordnung für Kurseelsorger für die Evangelische Kirche in Bayern" (vom 11.3.1953, geändert am 8.4.1963). In der katholischen Kirche existieren inzwischen Richtlinien für die Kur-

und Touristenseelsorge (so in den Diözesen Österreichs und in der Diözese Augsburg); es besteht eine „Katholische Arbeitsgemeinschaft Urlauberseelsorge“, die die vielfältigen Aktionen auf dem Gebiet des Tourismus koordiniert und zu einem vertieften, zeitgemäßen Studium der Probleme um die Urlauberseelsorge immer wieder beiträgt[26]. Ferner ist es zu einer Gewohnheit geworden, daß die Bischöfe der „Feriendiözesen“ alljährlich einen Gästebrief verfassen und in den Ferienzentren verbreiten lassen[27].

In den Richtlinien für die Tourismusseelsorge in Österreich vom 18.3.1970 heißt es unter anderem: „Zunächst gilt es, das Bewußtsein für die menschlichen und christlichen Werte des Tourismus zu wecken oder zu vertiefen. Ein richtig betriebener Tourismus bietet nicht nur Ausgleich, Erholung und Gesundheit für Leib und Seele, sondern trägt auch bei zum gegenseitigen Kennenlernen der Menschen, vermindert den Abstand zwischen den Völkern und sozialen Klassen, fördert den Kontakt des Menschen mit der Natur und die Kenntnis anderer Kulturen. Die Begegnung mit fremden Sitten und Anschauungen erfordert von den Christen offenes Verständnis und kluges Zeugnis ihres Glaubens. Sie sollen sich auf den Dialog mit den Andersgläubigen entsprechend vorbereiten.“ Diese Worte beweisen den Einfluß der verschiedenen Römischen Kongresse; ihre Anregungen werden in konkrete Aktionen hinein entfaltet.

Was die finanziellen Mittel für die Touristenseelsorge angeht, so könnte durch das erhöhte Spendenaufkommen in den Kurorten manches von den örtlichen Pfarreien selbst getragen werden. Den Rest müßten die Ordinariate übernehmen[28]. Die Einnahmen aus der Kirchensteuer wären in diesem Aufgabenbereich sicher gut verwendet, zumal beim Bau notwendiger, aber kostspieliger Gemeindezentren.

Die Vorbereitung des christlichen Volkes wäre in zwei Bereichen zu leisten: einmal in den Kurorten, zum anderen aber in den Heimatgemeinden. Die Kur- und Fremdenverkehrsorte könnten in Gastfreundschaft und Dienstbereitschaft das beste Zeugnis einer christlichen Gemeinde geben. Wie es bereits in manchen Gemeinden Österreichs der Fall ist, sollten die Gläubigen in Einkehrtagen auf diese Aufgaben vorbereitet werden (vielleicht wäre auch dies eine neue Aufgabe für ehemalige „Volksmissionare“, allerdings erst nach entsprechender Umschulung in den Tourismuspastoral-Institutionen: Neustift bei

Brixen und Rotheem/Meersen – Maastricht). Dem Reisenden und Touristen selbst wäre das Wort aus dem Dekret des II. Vatikanischen Konzils über das Laienapostolat (Nr. 14) zu sagen: „Wer auf Reisen ist – mögen internationale Angelegenheiten, wirtschaftliche Interessen oder Freizeit der Anlaß dazu sein –, soll bedenken, daß er überall auch wandernder Bote Christi ist; er soll sich als solcher auch in der Tat verhalten."

Wo die Kirche sich in der Touristenseelsorge diskret präsentiert, nimmt sie den unruhigen und erlebnishungrigen Menschen unserer Zeit ernst, obgleich sie sein „Unterwegssein" nicht vorschnell als „Suche nach Gott" interpretiert. Es genügt schon, in dem organisierten Massentourismus etwas von der Tatsache zu entdecken, daß der Mensch immer unterwegs ist, selbst wenn er das Wohin und das Warum seiner Reise vermutlich nicht kennt oder nur vage ahnt. Er lebt darin die Rolle des Fremden[29].

Darf man sagen, daß der Tourismus deshalb auch ein „Exerzitium der Hoffnung" ist? Wo Hoffnung zum Prinzip (E. Bloch) geworden ist, läßt der Mensch mit sich reden, weil er sich immer wieder des Grundes und des Zieles seiner Hoffnung vergewissern will. Eine eschatologische Kirche aber, die als wesentlichen Teil ihres Selbstverständnisses die Hoffnung erkannt hat, wird vom modernen Menschen ernst genommen werden, denn Hoffnung verbindet.

6. Marginalien zu einer Freizeitpädagogik

Vorbemerkungen: 1. Ein Blick in die Geschichte der Erziehung beweist es: Auch früher gab es Freizeiterziehung, eine mehr implizite als explizite Freizeitpädagogik [1]. Doch waren diese Praktiken und Theorien derart abhängig von gesellschaftlichen Bedingungen, von Schichtenzugehörigkeit und Elitebewußtsein – etwa die Erziehung des jungen Ritters oder die „grand tour" des jungen Herrn –, daß sie auf die heutigen sozialen Verhältnisse nicht mehr anwendbar sind, in denen Freizeit kein Privileg des Adels, des Großbürgertums und der Intellektuellen mehr ausmacht. Mit der Demokratisierung der Freizeit hat sich zur gleichen Zeit ein anderes Verständnis der Arbeit ergeben. Freizeit und Arbeit sind gewiß wie in der Agrarwirtschaft und im Frühindustrialismus heute noch aufeinander bezogen, obgleich sich der Charakter der Beziehung geändert hat. „Der Freizeitgedanke löst den Arbeitsgedanken ab" (W. Nahrstedt) [2]. Heutige Freizeitpädagogik hängt von dieser Prävalenz des Freizeitgedankens und damit von einer gesellschaftlichen Situation ab. Man darf also die geschichtliche Bedingtheit der heutigen Freizeitpädagogik nicht übersehen.

2. Wer allzu einseitig von der heutigen wirtschaftlichen Situation, der modernen Art des Wirtschaftens, welche die Freizeit zum Ausgleich der psychischen und physischen Notstände erforderlich macht, beim Entwurf einer Freizeitpädagogik ausgeht, sozusagen eine „Reparatur-Pädagogik" entwickelt, überwindet damit die Zustände nicht, die er überwinden will. Im Gegenteil: je fixierter man auf die Verhältnisse blickt, die man verändern will, um so mehr stabilisiert man sie wieder. Auch die Negation des Bestehenden wird durch das Bestehende bestimmt. Nur ein Ansatzpunkt, der Arbeit und Freizeit zu umgreifen vermag, bietet die Gewähr, die negativen Ursachen der jetzigen wirtschaftlichen Verhältnisse ändern zu können.

3. Wie die Freizeitforschung ergibt [3], existieren verschiedene

Freizeitfelder mit einem jeweils typischen Verhalten: der Abend, das Wochenende, der Urlaub. Prof. Hittmaier/Innsbruck sprach dabei dem Abend die Ent-müdung, dem Wochenende die Entspannung und dem Urlaub die Erholung zu und deutet damit eine je unterschiedliche Funktion der freien Zeit an. Auch der Ort, an dem Freizeit verbracht wird – etwa am Abend hauptsächlich in der Familie –, erzwingt eine differenzierte Bewertung der jeweiligen freien Zeit. Pädagogisch gesehen entsteht das Problem, ob ein Transfer des Gelernten aus der Abendfreizeit in den Urlaub besteht oder ob sich die im anderen Lebensfeld vorherrschenden, umweltbedingten Verhaltensweisen durchsetzen, so daß sich etwa im Urlaub ein Lerndefizit des jungen Touristen bemerkbar macht[4]. Angesichts dieser vorläufig ungeklärten Fragen kann man nur die Vermutung äußern: Je allgemeiner die Erziehungsziele sind, um so eher werden die in der Erziehung erzielten Wirkungen auf andere Erziehungsfelder übertragbar sein. Je spezifischer, um so mehr werden sie auf das einzelne Erziehungsfeld eingegrenzt bleiben.

Nach diesen Vorbemerkungen sollen einigen Marginalien zu einer Freizeitpädagogik mehr angedeutet als ausgearbeitet vorgelegt werden. Sie greifen auf manches zurück, was in den vorausgehenden Kapiteln bereits gesagt wurde.

a) Integrierte Erziehung

Trotz der besten Absicht, dem Menschen überhaupt, dem jungen Menschen im besonderen helfen zu wollen, die Freizeit zu meistern, läuft eine überakzentuierte Freizeitpädagogik Gefahr, nichts anderes als eine noch größere Verunsicherung des Jugendlichen zu erreichen, weil der Wechsel zwischen sogenannter Freizeitrolle und Arbeitsrolle (mit ihren je unterschiedlichen Attitüden) nicht bewältigt wird. Spielt einer in der Freizeit die Rolle des wirklich Freien, des Willkürlichen, des Witzigen, weil er sich als „Herr seiner selbst“ empfindet, so muß er während der Arbeitszeit, in der Stellung eines Abhängigen, plötzlich ein anderes Verhalten an den Tag legen, das vom verantwortlichen Angestellten bis zum Untertan schwankt. Es entwickeln sich also gegenläufige Rollen; es steigt für den Jugendlichen das Risiko, viele Rollen zu leben, aber ein „Mann ohne Eigenschaften“ (R. Musil) zu werden.

Alle Vereinseitigungen innerhalb der Pädagogik, jene speziellen Pädagogiken, wie Sexualerziehung, religiöse Erziehung, politische Erziehung usw., wirken sich meistens nur negativ aus, weil das übergreifende Ganze der Erziehung aus dem Blick gerät. Eine pädagogische Anthropologie, die den Menschen in verschiedene Sektoren auseinanderbricht, ihn auf verschiedenen Schichten ansiedelt und der Meinung ist, man könne den einen Sektor, die eine Schicht unabhängig von der anderen pädagogisch „berücksichtigen", hat noch nicht die Fakultätenpsychologie der Jahrhundertwende oder einen Behaviorismus überwunden, der den Menschen nur als eine gestikulierende Marionette wertet. Im Gegensatz zu diesen Auffassungen muß aus Gründen der Humanität festgehalten werden: Der Mensch ist eine Einheit, ist ein Ganzer. Jede Erfahrung, jedes Erlebnis, jede Verhaltensänderung, jede neue Motivation wirkt sich nicht nur unter dem Aspekt und auf dem Gebiet aus, unter denen sie erwünscht sind und gemacht wurden, sondern kommt im gesamten Lebensvollzug des Menschen zur Geltung.

Mit diesem Vorbehalt einer allzu großen Differenzierung gegenüber wird eine spezielle Pädagogik nicht überflüssig; aber diese Einsicht fordert, eine spezielle Pädagogik immer wieder in das Gesamt der Erziehung zu reintegrieren, eben aufgrund einer Anthropologie, die den Menschen als ein eines, individuelles, geschichtlich einmaliges Wesen begreift und behandelt. Dieser eine Mensch aber verwirklicht sich bei Arbeit und Freizeit in gleicher Weise. Deshalb muß jeder Entwurf einer Freizeitpädagogik zurückgreifen auf diese allgemeinen Bestimmungen von Erziehung überhaupt. Aus der Anthropologie entstehen sowohl Kontrollen wie Korrekturen für jede Pädagogik allgemeiner wie spezieller Art.

b) Zielvorstellung der Erziehung

Jede Erziehung lebt von ihren Zielen. Da eine separierte Freizeitpädagogik erst auf dem Hintergrund eines allgemeinen Erziehungszieles verständlich ist, weil das Ziel die Mittel, die Methoden (auch das Curriculum) mitbestimmt, muß hier der Frage nachgegangen werden, welches Erziehungsziel heute der Pädagogik vorschweben könnte.

Ausgehend von einer Untersuchung, die H. Schelsky über den

Nonkonformismus bei David Riesman unternahm[5], käme als modernes Erziehungsziel in Frage die autonome Persönlichkeit oder mit anderen Worten: der freie Mensch.

Diese freie oder autonome Persönlichkeit findet sich in einer Welt des Konformismus und einer weitgehenden Außensteuerung vor; sie ist vor die Alternative gestellt, entweder in die Anomalie zu fliehen, um das je Eigene in einer Art pathologischen Eskapismus zu retten, oder es bleibt ihr nichts anderes übrig als die Anpassung (adjustment), wobei Anpassung im schlechten Sinn des Wortes verstanden wird. Denn daß jegliche Anpassung vom Teufel wäre, kann mit Fug und Recht bestritten werden; ist der Mensch doch als früher Nestflüchter (A. Portmann) auf Imitation und Anpassung hin angelegt. Jene Anpassung aber, die nur schaut, wo man anecken könnte, wo man sich verraten würde, wo man sein wahres Gesicht zeigt, wenn man nicht im gleichen Schritt und Tritt marschiert, wenn man nicht den gleichen Hut, die gleichen sexuellen Standards, die gleiche, allgemeine, hochgelobte politische Meinung hat, ist inhuman, verifiziert nichts anderes als jene prophetischen Befürchtungen, wie sie in „1984" von G. Orwell beschrieben wurden: Der Mensch wird dem großen Bruder unterworfen, der nichts anderes als der Exponent einer hypostasierten öffentlichen Meinung ist. Einer solchen Aushöhlung der menschlichen Existenz hat eine zeitgemäße Erziehung zu steuern, wenn der Mensch als Individuum, als der Einzelne, als der für sich und seine Welt Verantwortliche überleben will, als jener, der seine Geschichte, seine Zukunft, seinen Gott und damit auch sein sittliches, liebenswertes Gepräge hat.

Man darf resümieren: Entmündigung des Menschen geschieht präzise in der totalen Anpassung. Je schleichender und larvierter sie sich vollzieht, um so gefährlicher ist sie.

Gegen diesen Konformismus im adjustment entwirft H. Schelsky in Anlehnung an D. Riesman[6] die folgenden drei Forderungen eines lebensrettenden Nonkonformismus. Wenn er dabei auch unterstellt, daß sie vor allem für den Intellektuellen Geltung haben, kann man dennoch nicht bestreiten, daß diese Imperative, insoweit sie eine autonome Persönlichkeit meinen, nicht auf den Intellektuellen eingeschränkt werden können.

H. Schelsky arbeitet heraus, daß der Platz zwischen Anomalie und adjustment nur dann zu halten sein wird, wenn der Mensch dreierlei besitzt: 1. den Willen zu seelischer und sozialer Einsamkeit, 2. die Kraft zum Scheitern und 3. die Dominanz der moralischen Utopie [7]. Wie sind diese einzelnen Forderungen zu interpretieren?

Der Wille zur seelischen und sozialen Einsamkeit bestreitet nicht grundsätzlich die Soziabilität des Menschen; er will nur eines sichern: die möglichst weitgehende Unabhängigkeit des Menschen von sozialer Zustimmung und Bestätigung – und damit persönliche Freiheit gewährleisten. Der Mensch, der nur in Tuchfühlung mit anderen, mit zunickenden Nachbarn, mit auf die Schultern klopfenden Kameraden existieren kann, lebt gefährlich, lebt nicht mehr aus sich selbst, sondern bezieht seinen Selbststand und seine Selbstbestätigung von den anderen. Anfällig für jede Suggestion ist er offen für einen manipulativen Einfluß von allen Seiten. Die Unabhängigkeit wird nicht in der Flucht aus der Masse gesichert, sondern durch das Bewußtsein, daß man auch auf den Beifall der Vielen verzichten können muß, daß man sich eine eigene Meinung leisten muß, daß man die eigene Gestalt und Form und „Mode" und sittliche Anschauung – zumal im Protest gegen andere – wagen muß. In dieser Forderung geht es mehr um die Freiheit, als die leicht moralisch klingende Devise „Wille zur seelischen und sozialen Einsamkeit" ahnen läßt. Prototyp dieses Verhaltens ist nicht ein Eremit, sondern jener, der in der Masse stehend souverän seine Freiheit festhält und bekennt. Wer könnte übersehen, daß dies eine genuine politische Zielvorstellung ist?

Die Kraft zum Scheitern, „the nerve of failure", entspricht gewiß nicht jener Erziehung, die nur eines kennt: wohlbehütete, brave, adrette Kinder, die mit dem inhaltlosen Ziel „seelische Gesundheit" über die Runden gebracht werden sollen. Ein solcher positivistischer Begriff „seelische Gesundheit" als Zielvorstellung pädagogischen Verhaltens macht blind für die Realität. Leben bedeutet Risiko, bedeutet: sich exponieren, Wagnisse eingehen, Abenteuer nicht scheuen. Diese realistische Kalkulation hilft mit, die Freiheit zu gewährleisten. Wer nur sicher gehen will, lebt höchst unsicher; denn er ist wiederum abhängig. Die sittlichen wie erzieherischen Kategorien einer Wohlstandsgesellschaft und eines Versorgungs- bzw. Nachtwächterstaates mögen einer solchen pädagogischen Leitvorstellung widersprechen. Dieser Widerspruch wird dann eher zu einer Argumentation pro als contra; denn er entlarvt die satte Bürgerlichkeit als unmenschliches Verhalten. Wer nicht scheitern kann, wird nichts wagen; wer nichts wagen wird, muß sich anpassen; wer sich anpaßt, hat sich aufgegeben; wer sich aufgibt, ist bereits der Masse verfallen und wird manipuliert. Die Kraft zum Scheitern stellt gewiß einen hohen Anspruch dar. Er lautet gegen die pädagogischen Standards des Bürgertums. Gerade die Unsicherheit der Zeit wird diese pädagogische Maxime erweisen als eine Maxime, die die Zukunft für sich hat.

Die Dominanz einer moralischen Utopie bringt in die Zielvorstellung die beiden anthropologischen Tatsachen ein: daß der Mensch unabdingbar ein sittliches Wesen ist und daß seine sittlichen Vorstellungen jeweils neu an Utopien, und zwar moralischen, orientiert werden. Nicht purer Pragmatismus, nicht pure Nützlichkeit, nicht horizontaler Materialismus, nicht Hedonismus als Lebensinhalt, sondern die Dominanz einer moralischen Utopie. H. Schelsky schreibt: „Die Menschen haben nicht mehr den Mut, die großen Ziele zu verfolgen, weil sie unpraktikabel sind oder erscheinen. Deshalb wählt man heute lieber zwischen ‚kleineren Übeln'." [8] Bei diesen Utopien ergeben sich Variationen, je nach sittlichen, weltanschaulichen und religiösen Vorentscheidungen. Wie auch immer: Es provoziert ein absolutes Ziel, das den Menschen als sittliches Wesen aufruft und ihm dadurch erst innerhalb einer nivellierten Masse Stand verleiht. Sollte ihn seine Utopie überfordern und trotz eines ungeteilten Engagements ihm ihre Verwirklichung nicht gelingen, bleibt nur jene Kraft zum Scheitern, von der bereits die Rede war.

Wer meint, diese Zielvorstellungen stammten aus einer Elitenpädagogik, stellten Prinzipien einer Virtuosenethik dar, realisiert nicht hinreichend, daß sie im Respekt vor der „einsamen bzw. ängstlichen Masse" entworfen wurden. Wer aber möchte deren Heraufkunft bestreiten? Herausgefordert ist der freie, der autonome Mensch; er soll durch diese pädagogischen Maximen ermöglicht werden.

c) Freizeitorientierte Erziehungsmethoden

Entsprechend diesen Zielvorstellungen wären nun jene Erziehungsmethoden zu nennen, die dieses allgemeine und hohe Ziel auffächern, operationalisieren und dadurch zur gleichen Zeit eine Freizeitpädagogik in ihren Konturen umschreiben. Wie lauten diese pädagogischen Imperative?

(1) Die Entscheidungs- und Wahlfähigkeit stärken

Um diesen Imperativ zu präzisieren wäre jener Katalog von Forderungen zu wiederholen, wie er in einer „freiheitlichen Erziehung" vorgetragen wird. Im Gegensatz zu einer autoritären Erziehung, die auf Anpassung aus ist, wie zu einer antiautoritären Erziehung mit ihren ideologischen und pseudopsychologischen Implikationen [9] möchte eine freiheitliche Erziehung einen Menschen ermöglichen, der weder nur als Untertan sein Leben vollziehen noch als lustloser Erdenbürger dahinvegetieren kann, sondern der eine solche innere Unabhängigkeit besitzt, daß er gegen den Machthaber wie gegen die Masse zu stehen vermag. Ein derartiges Ziel wird nur erreicht, wenn der Eigenerfahrung des jungen Menschen mehr Raum zugebilligt, die Fremdbestimmung mehr (und phasengerecht fortschreitend) zurückgedrängt wird, obgleich es unsinnig wäre, die Erfahrung als exklusive Kategorie in der Erziehung zu werten. Eine solche Forderung hat außer dem Protest gegen pure Autoritätsfixierung inhaltlich nichts für sich. In diesem Zusammenhang muß auch auf die Bedeutung einer modernen Sexualerziehung hingewiesen werden [10].

Verglichen mit allen modischen Entwürfen der antiautoritären oder nichtautoritären (A.S. Neill) Erziehung scheint mir für die Förderung der Entscheidungs- und Wahlfähigkeit jene Spielraumtheorie das beste Modell zu sein, die einmal das Erziehungsfeld als „Spielfeld" versteht, die zweitens den Erzieher und den Zu-Erziehenden auf gleicher Ebene sieht, die drittens die Autorität des Erziehers als einen „Vorsprung an Reife" begreift, der sich vor allem in der Kalkulation der konkreten Situation als Pflicht zu Hilfe und Rat auswirkt, die viertens die Einigung über bestimmte faire Spielregeln verlangt und fünftens nach einem gewissen Scheitern den Dialog und die gemeinsam zu tragende Verantwortung für das Geschehen voraussetzt [11].

Entscheidungs- und Wahlfähigkeit wird für jeden Freizeitraum zu einem notwendigen pädagogischen Verhalten. Der junge Mensch muß lernen, aus einer Fülle von (Konsum-)Angeboten auszuwählen, muß sich zu etwas entscheiden können, auch im Bewußtsein, daß er sich darin gegen etwas entscheidet (und damit eben die kontingente menschliche Situation anerkennt); er muß endlich bereit sein zum Verzicht, als einem Durchgang zu größerer Freude und tieferem Glück [12]. Manche Menschen sind entscheidungsschwach, andere entscheidungs- und wahlunfähig, weil ihnen bisher jegliche Entscheidung abgenommen wurde, weil sie – wie man im Volksmund sagt – „verwöhnt" wurden. Wahl und Entscheidung machen aber zwei Konstitutive eines Menschenlebens überhaupt aus.

(2) Für Manipulation sensibilisieren

Es ist nicht immer leicht, den Manipulationen zu widerstehen, die unterschwellig wirken, wie die Bücher von V. A. Packard: Die geheimen Verführer (Düsseldorf 1958) und von E. Dichter: Strategie im Reich der Wünsche (Düsseldorf 1961) bewiesen haben. Es werden Wünsche suggeriert, die dann – auch das wird einem eingeredet – im Genuß erfüllt werden müssen; es werden durch Farben, Worte und Slogans Assoziationen gestiftet, die dann motivieren und innerlich steuern; es wird ein tiefgehendes menschliches Verlangen geweckt und angesprochen (etwa nach Sicherheit, nach Abenteuer, nach Ordnung, nach Prestige, nach sexueller Erfüllung, nach Erlebnis), und dann werden sozusagen in obliquo Waschmittel, Autos und Zigaretten verkauft. Hinter diese Tricks zu kommen, Grundbegriffe der Werbetechnik zu kennen, die Wirkung der Werbemethoden an sich selbst einmal erfahren zu haben, stellt eine erste Voraussetzung der gewünschten Sensibilisierung für Manipulation dar. Die gleiche Information ist notwendig über die politische Manipulation (in den Massenmedien, im Rundfunk, im Fernsehen, im Film).

Aber Information allein kann nicht alles leisten. In gruppenpädagogischen Experimenten wird der junge Mensch – sozusagen in einem zweiten Schritt – erleben müssen, wie er selbst auf Führerpersönlichkeiten reagiert, wie er sich selbst als leader aufspielt, wie er bestimmten Typen gegenüber (groß oder klein, Freund oder Feind, Junge oder Mädchen, Star oder Randexistenz, Vaterfigur oder Mutterbild) in seinem Verhalten festgelegt ist, also sich aufspielt oder sich demütig unterwirft oder überhaupt kein Interesse mehr in einer Art Totstellreflex nimmt. Derlei Erfahrungen lassen sich in entsprechenden Gruppenprozessen machen, lassen sich in gemeinsamen Gesprächen herausarbeiten. Reaktionen und Abhängigkeiten, die im zwischenmenschlichen Verhalten eine Rolle spielen, lassen sich dann ohne Mühe auf Werbemethoden, politische Positionen und religiöse Überzeugungen übertragen. Wie sehr eine solche Erziehung zu einer echten Unabhängigkeit und Selbstbestimmung im Raum der Freizeit beiträgt, braucht nicht hervorgehoben zu werden.

(3) Die Wahrnehmungsfähigkeit erwecken

Diese Forderung will dem Problem gerecht werden, das sich heute mit der inneren Ansprechbarkeit, mit der Emotionalität („Seinsgehorsam") verbindet. Die Massenmedien bringen es mit sich, daß einerseits die Fülle der Ereignismassen multipliziert wird und damit das Maß des Gebotenen nicht mehr verarbeitet werden kann: Der Mensch stumpft ab; daß andererseits die Erlebnisse zu wenig in den Gesamtzusammenhang eingeordnet werden. Informationen über China stehen höchst plastisch neben biologischen Details einer Krankheit, dem Vespergottesdienst folgt der Krimi, der Werbereklame für Persil schließt sich die Tagesschau mit erschütternden Kriegsszenen aus Vietnam an. Man erinnere sich des unverdaulichen Menüs eines durchschnittlichen Fernsehabendprogramms. Bei der Flüchtigkeit der Eindrücke entwickelt sich ein sentimentaler Charakter, der nur am Rande der Wahrnehmung betroffen ist und der sich jedem tieferen Gefühl verweigert. Ein echtes Engagement kommt als Möglichkeit menschlicher Partizipation abhanden: statt Interesse nur fadenscheinige Neugierde, statt tiefgehender Erschütterung nur ein Nervenkitzel (wie viele Tote?), statt Betroffenheit nur banale Informiertheit, statt Wissen nur die Daten für einen Quiz: Dalli-Dalli!

Zu dieser Pseudoinformation kommt ein weiteres hinzu: Der heutige Pluralismus sittlicher und weltanschaulicher Meinungen trägt dazu bei, daß eine beständige Beziehung zu einem absoluten Wert, zu einem Heiligen nicht mehr die letzte Begründung einer sittlichen Existenz darstellt. Daraus wiederum resultiert auch die innere Nichtansprechbarkeit: Es mangelt an Tiefe.

Innere Ansprechbarkeit müßte demnach fortschreitend durch die Methoden erweckt werden, die man moderne „Mystagogie" nennt: Einführung des Menschen in jenes Geheimnis, das der Mensch ist. Erweckung von Schauder und Freude, Lust und Glück, Ergriffenheit und Ehrfurcht. Alle diese Anmutungserlebnisse können, bei der Schwierigkeit „Gefühle" zu vermitteln, nur durch die Konfrontation mit jenen Grenzsituationen erreicht werden, in denen der Mensch immer wieder zu stehen hat. Begegnung mit Leid und Freude, Schmerz und Angst, mit Tod und

Not, mit Liebe und beglückender Seligkeit, mit Enttäuschung und Schuld, kurz: mit der unaufhebbaren Fragwürdigkeit der menschlichen Existenz haben erweckenden Charakter. Konkreter Dienst am Kranken, am Debilen, am alten Menschen, am Leidenden – im Sonntagsdiakonat, im Einsatz in Erziehungsheimen usw. haben einen unersetzbaren Wert. Gewisse Ersatzfunktion kann der Film übernehmen, zumal sich anschließend an seine Vorführung leicht ein Gespräch ergeben wird, in dem die sentimentalen Regungen in ihrer Beiläufigkeit entlarvt, das echte Gefühl angesprochen und auch die begriffliche Klärung des Erlebten vermittelt werden kann; denn im Begriff wird das Erlebte „aufgehoben". Es wäre etwa zu klären: Was heißt Glück? Was Freude? Was Liebe?[13] In diesen Übungen, die sich an solche emotional hochwertigen Erfahrungen anschließen, wird also ein kognitives Element eine klärende Rolle spielen müssen.

Natürlich besitzen kreative Akte und Prozesse eine wichtige Funktion: Basteln, Malen, Musizieren, Singen, Collagen fertigen, Emaillieren, Theater spielen usw. Heute geraten diese Hobbys in einen gewissen Mißkredit, weil in unserer Leistungsgesellschaft auch das künstlerische Vergnügen unter den Leistungsdruck gerät und jedem von vorneherein das Glück an seinem Hobby verdorben ist, weil er nur Unvollkommenes schaffen kann. Muß aber denn immer das Perfekte geschaffen werden? Die Freude am kleinen Kunstwerk, das das meine ist, besitzt einen größeren Wert für mich als das schönste Bild von Albrecht Dürer oder Paul Klee.

Einübung von Freizeitverhalten ereignet sich in solchen Übungen. Es wird vor allem gegen die Langeweile erzogen, indem Techniken der Unterhaltung vermittelt werden. Gewiß bringt ein „Freizeitspaß" nicht letzte Freuden, aber die darin eingeübten Fertigkeiten können von einem entsprechenden Sinngefühl in Dienst genommen werden.

(4) In Kommunikation einüben

Partnerschaftlichkeit bietet sich heute als der entscheidende Begriff zwischenmenschlicher Beziehung an. Damit sie gelingt, muß sowohl Soziabilität wie Distanzfähigkeit, eben jener Wille zur seelischen und sozialen Einsamkeit, entwickelt werden. Wahrnehmungsfähigkeit für die Situation des anderen, Identifikation und Solidarisierung, Toleranz und Einfühlungsphantasie, Ausdrucksvermögen in Gestik und Sprache, Schweigenkönnen zur rechten Zeit und Redenkönnen auf situationsgerechte Weise müßten „gelernt" werden, damit eine heitere, beglückende, auch respektierende Partnerschaft gelingt. An den Tanz, an die Kultur der Zärtlichkeit, an einen entwickelten, reichen Sprachschatz wäre zu erinnern, weil sie Weisen der Äußerung sind, in denen sich das Innere darstellt. Jeder Dialog bedarf des Zeichens, in Wort und Geste. Kommunikation, in Partnerschaft ermöglicht, wird in vielen kleinen Schritten eingeübt.

Auf allen sozialen Feldern, in denen sich Freizeit vollzieht, wird Partnerschaftlichkeit immer wieder mit eingebracht werden müssen, damit dort Freude und Erholung gewonnen werden können und nicht nur aufgestaute Aggressionen losbrechen. Einem Mißverständnis dieser Forderung nach Partnerschaftlichkeit käme es gleich, wollte man den jungen Menschen auf kollektivistische Einordnung hin erziehen. Für ein wahres Freizeitverhalten wäre damit sicher nichts gewonnen. Der Jugendliche würde vielmehr der Gruppe zur Last werden, weil er nur im Kollektiv existieren könnte. Eine Gruppe wird zu einem um so intensiveren Gruppenleben finden, je geprägter und menschlich reicher die einzelnen Mitglieder sind.

(5) Mit Lebenssinn erfüllen

Die letzte und schwerste Forderung einer Freizeitpädagogik lautet: einen Lebenssinn mitgeben. Heute muß man mehr als früher die Sinnfrage des Lebens mit dem jungen Menschen besprechen. Es geht dabei um die Wahrnehmung seines inneren, existentiellen Unbehagens, um die Klärung der auch lebensgeschichtlich bedingten Vorbehalte (auch seelisch-gemüthafter Verprellungen), um die Konfrontation mit jenen letzten Antworten, wie sie die großen Weltanschauungen unserer Zeit (Kommunismus, Humanismus, Christentum) anbieten, um die Führung auf den Platz der Entscheidung: Du mußt selber wählen! Wie ersichtlich wirkt sich die Erziehung zur Entscheidungsfähigkeit auch in diesem Bereich heilsam aus. Fähigkeit zu Fest und Feier, innere Bereitschaft zum Kult, auch zu religiösen Vollzügen in Gemeinschaft und im Ritus, haben in diesem Zusammenhang ihren Platz.

Gegen diese tiefgreifende Einführung in einen Lebenssinn

steht jener „Freizeitspaß“, der in einem vordergründigen Hedonismus oder in der Übernahme von Leistungskategorien wieder die bleibende menschliche Erfüllung verdirbt, sei es, weil ein letzter begründender Sinn fehlt, sei es, weil Leistung jenen Sinn nicht beibringt, der einer unermüdlichen Hinterfragung standhält.

Bei diesen „Übungen“ können Texte moderner Literatur, moderne Filme, moderne Lieder und Hits hilfreich sein, um den Ansatzpunkt für die Problematik im Jugendlichen selbst zu entdecken und um von ihm aus auf eine Antwort hinzuführen [14].

Diese Maximen gelten für jegliche Pädagogik. Wie sehr sie auch für die Freizeitpädagogik Geltung besitzen, wurde an einigen Stellen bereits ausdrücklich vermerkt. Hält man daran fest, daß es um einen Menschen geht, der sich auf allen Lebens- und Erlebnisfeldern als die eine, geschichtliche Ganzheit bewegt, läßt sich aus den allgemeinen pädagogischen Forderungen unmittelbar der Imperativ für Freizeitpädagogik ableiten, zumal wenn man in Rechnung stellt, daß schichtenspezifische Prioritäten noch einzukalkulieren sind – etwa für den jungen Arbeiter, für den Schüler, für den Hilfsarbeiter.

d) Chance der Freizeit

Die Bedeutung der freien Zeit jedweder Art liegt darin, daß der Vorrang des Leistungsgedankens in der Arbeitszeit (weil eben ein das Leben übergreifender Sinngedanke sich noch nicht durchgesetzt hat) einen Freiraum nötig macht, der der Einübung der genannten pädagogischen Forderungen mehr dienlich ist als der Raum des Alltags. Damit wird Freizeiterziehung am Abend, am Wochenende und im Urlaub sozusagen zu einer vorläufigen Notverordnung.

Die Freizeitpädagogik hat demnach nur den einen Sinn: sich überflüssig zu machen und zwar im sozialen wie im individuellen Sinn. Im sozialen Sinn: Je mehr die allgemeine Erziehung die angedeuteten pädagogischen Maximen aufgreift, um so weniger ist Freizeitpädagogik nötig. Im individuellen Rahmen: Je mehr dem einzelnen die Gestaltung seiner Freizeit in Freiheit auf eigene Kosten (auf den verschiedenen Ebenen seiner Verwirklichung: von Bildung bis Politik, von Kunst bis Sport, von Hobby bis Studium) gelingt, um so mehr wird „Freizeitpädagogik“ überflüssig[15]. Einstweilen bedarf es noch der Freizeithelfer, der ausgebildeten Freizeitpädagogen, deren Studiengang immer präziser entwickelt werden müßte[16]. Aber jede Anstrengung in dieser Richtung scheint mir mißverstanden, wenn sie nicht „Hilfe zur Selbsthilfe“ ist, also im besten Sinn des Wortes: Entwicklungshilfe.

II. SITUATIONEN UND WEISUNGEN

Eine „Therapie der Langeweile" kann nur in kleinen Schritten vorangehen, kann nur in der Verabreichung von kleinen Dosen eines Gegenmittels gelingen. Das „Übel" der Langeweile sitzt viel zu tief im Menschen, als daß es durch eine Gewaltkur beseitigt, als daß es von heute auf morgen geheilt und überwunden werden könnte.

Die folgenden Übungen versuchen, die Erkenntnisse der theoretischen Beiträge in „Probleme und Sachen" in Weisungen umzusetzen, die allmählich das innere Erlebnisfeld des Menschen erhellen und dort wieder Ruhe und Neugier, Sinn und Bejahung einwurzeln.

Jeder Übung geht eine längere Vorbemerkung voraus. Aus ihr ist zu entnehmen, ob man einen Text vom Anfang bis zum Ende lesen kann oder ob man absatzweise den anleitenden Text lesen und ihn dann jeweils schrittweise in Übungen umsetzen soll. Es wäre ratsam, sich an diese Hinweise zu halten – und nicht aus purer Neugierde einmal da, einmal dort „herumzulesen".

Vielleicht darf man noch dies anmerken: Es ist nicht verboten, eine Übung, die einem gut gefiel und die einem viel Freude brachte, zu wiederholen. Die Wiederholung vertieft den Eindruck, vermehrt die Freude, verstärkt die innere Ruhe. Gewiß gibt es auch die andere Erfahrung: Eine Übung sagt einem überhaupt nicht zu. Das geschieht gewiß nicht ohne Grund, solange man „Launen" nicht unterschätzt. Man darf erwarten, daß die Übungen, die man aus dem Unbewußten heraus ablehnt, einen besonders angehen. Man sollte dem inneren Widerstand nicht nachgeben. Man sollte gerade diese Übungen wiederholen.

Wie viele Übungen man täglich machen sollte? Es gibt auf diese Frage verschiedene Antworten. Wer etwa eine Kur oder einen Urlaub von drei Wochen vor sich hat, kann sich täglich einen einzigen Übungstext vornehmen und ihn am Morgen oder/und Nachmittag vollziehen. Wer weniger Zeit zur Verfügung hat, kann am Morgen den einen Übungstext und am Nachmittag den zweiten lesen und in die Wirklichkeit umzusetzen versuchen. Das Vorhaben eines jeden richtet sich nach dem Maß seiner Zeit. – In den Anmerkungen werden Hinweise geboten, die dem Interessierten in Theorie und Praxis weiterhelfen können und sollen.

„Wunder" können auch durch die besten Tips und psychagogischen Ratschläge nicht gewirkt werden, zumal dann nicht, wenn der „Patient" in der „Therapie der Langeweile" sich zurückhält und sich nicht engagieren will. Alle Skepsis aber tadelt jener optimistische Schlagertext, den Sie gewiß kennen: „Wunder gibt es immer wieder..." Warum also nicht hoffen?

1. Stille werden

Vorbemerkung: Der Langweilige findet in sich eine große Unruhe und Hektik, eine planlose Geschäftigkeit. Er muß immer etwas tun, etwas unternehmen, mit etwas befaßt sein. Dabei geht er an sich vorbei, weil er immer „außer sich ist", weil er sich an „die Dinge verloren hat", weil er „wie ausgelaugt ist", weil er „von Sinnen ist". Unsere Sprache redet schonungslos. Wie findet dieser Mensch wieder zu sich heim?

Nun ist es gewiß leichter, „aus der Haut zu fahren", als in sich heimzukehren. Wenn hier in einigen Übungen diese Rückkehr in sich selbst eingeübt werden soll, wird nicht unterstellt, daß dies leicht und in jedem Fall erfreulich ist. Aber auf die Dauer sind diese Übungen gewiß „beruhigend", und darauf kommt es an. Gibt es nicht auch eine heilsame Arznei, die bitter schmeckt?

Übung

Sie setzen sich entspannt auf einen Stuhl und legen die beiden Arme ruhig vor sich auf den Tisch, die Hände nach oben geöffnet. So bleiben Sie längere Zeit sitzen. Oder: Sie legen sich mit nicht einengender Kleidung auf dem Rücken ins Bett. Sie entspannen sich, Sie versuchen jede Verkrampfung aufzulösen: Sie strecken ihre Beine aus, Sie lassen ebenso gelöst und frei ihre Arme auf dem Bett ruhen. Sie blicken vor sich hin oder zur Decke – oder noch besser: Sie blicken bei geschlossenen Augen in sich hinein.

Was empfinden Sie nun? Sie nehmen mancherlei wahr, was ihnen sonst entgeht. Sie atmen. Sie spüren in sich eine Kraft, die Sie im Takt einatmen und ausatmen heißt, in langsamer oder schneller Folge. Tun Sie dies einige Zeit ganz bewußt und intensiv, indem Sie – wie man sagt – „durchatmen" ... tief durchatmen ...

Haben Sie durchgeatmet? Sie haben gespürt, wie sich Ihre Brust hebt und senkt, wie sich Ihre Lungen mit Luft füllen und sich dabei ausdehnen, wie dabei ein Gefühl einer geballten Lebendigkeit in Sie einzog und dann sich in Ihrem Leib ausbreitete. Sie haben erfahren: Ich bin lebendig. Sie sollten dieses Spiel wiederholen: Atmen...

Sie könnten auch einmal auf den Pulsschlag ihres Herzens achten, indem Sie in sich hineinhorchen. Oder greifen Sie sich einmal an Ihre Pulsader über ihrem Handgelenk. Wieder spüren Sie einen Rhythmus: Unermüdlich kommt ein Schlag nach dem anderen – und zwischen hinein immer wieder eine Pause. Wir sagen: Das Herz klopft. Wir sagen: Es ist ein Motor, eine Pumpe, eine Energiequelle, ein Kraftwerk. Hören Sie Ihrem Herzen zu. Merken Sie, wie der Schlag des Herzens sich ausbreitet in seiner Kraft, sozusagen in seinen Ausläufern im Finger ankommt, in den Fingerspitzen endigt. Hören Sie zu, empfinden Sie dieses Herzklopfen...

Sie haben Ihrem Herzen zugehört? Nun überlegen Sie: Ihren Atem können Sie anhalten, wenigstens für kurze Zeit; Ihr Herz können Sie nicht anhalten. Wenn Sie es auch wollten, es gelänge Ihnen nicht. Auch hierin erfahren Sie unleugbar: Ich bin lebendig. In mir ist eine, sozusagen ferngesteuerte, unwiderstehliche Kraft des Daseins.

Atem und Herzklopfen: zwei Weisen, seiner selbst als ein Lebendiger bewußt zu werden, zwei Anstöße zu dankbarer Freude [1].

2. Erfahrung der Sinne

Vorbemerkung: Auch diese zweite Übung setzt wiederum bei der Lebenssituation des Menschen an. Der Mensch meint oft, er sei nur Gedanke und Wille. Aber wir sind viel mehr Sinnlichkeit. Wir haben Sinne: Ausfallstore zu einer bunten und vielgestaltigen Außenwelt, Einlaßtore zu einer ebenso phantasievollen Innenwelt. Es wirkt vieles auf uns ein, aber wir merken gar nicht mehr, was bei uns ein- und ausgeht. Es wäre gut, etwa auf einem Spaziergang, bei einer Wanderung durch einen Park, durch einen Wald bewußt die Fülle der Wirklichkeit auf sich einwirken zu lassen.

Übung

Was heißt: Ich sehe? Ich richte meine Augen auf einen Waldrand. Ich bemerke Farben: hellgrün, dunkelgrün, olivgrün, blaugrün, türkis. Ich sehe zwischendrin auch braune oder rote Farben: absterbende Blätter (Herbst!?). Ich sehe den Himmel: Er ist blau und wölbt sich groß und unendlich über mich. Wolken ziehen an ihm, riesige und aufgebauschte, kleine in großer Zahl, „Schäfchen" nennt sie der Volksmund. Formen sind in den Wolken zu erkennen (oder in sie hineinzusehen): Gesichter, Figuren, Erdteile. Drohende Gebirge bauen sich auf, einzelne Wolken verschieben sich rasch, vom Wind getrieben, quellen hoch auf im Wirbel und zerfließen in Nichts. Wolkenspiele zu beobachten (man kann sich im Sommer dazu auch auf eine Wiese legen und ganz schlicht in den Himmel gucken) ist eine aufregende Sache. Sehen! Was sehen Sie noch?

Was heißt: Ich höre? Sie gehen wieder durch einen Wald. Ein Gemurmel von ferne. Ist es ein Bach? Ein verhaltenes, kaum wahrnehmbares Raunen. Geht ein Wind durch den Wald? Naht ein Sturm? – Ein Klopfzeichen. Ein Holzarbeiter am Werk? Ein Ast, der an den Stamm eines Baumes schlägt? Dazwischen ein Vogelruf: Gesang, Gezwitscher, Warnschrei, Fluchtgehüstel, werbende Melodie. Was ist noch zu hören? Welche Töne, welche Geräusche gelangen in Ihr Ohr – und interpretieren Sie dann, mit Gewißheit oder mit einem leichten Zweifel?

Was heißt: Ich empfinde mit meinem Tastsinn? Der Wind fährt Ihnen über Ihr Gesicht, streicht über Ihre Haut. Es tut wohl, abgekühlt zu werden. Oder es fröstelt Sie: Die Luft ist zu kalt. – Sonnenstrahlen wandern wohltuend über Ihren Körper, über Ihre nackten Arme, über Ihre Wangen. Es ist angenehm, erwärmt zu werden. – Sie greifen nach einem Blatt: Es fühlt sich zerbrechlich an: das feine Geäder, das Gespinst an tragendem Gerüst, zwischen dem sich das grüne Dach spannt. Das Blatt fühlt sich glatt an, kühl, irdisch. Was empfinden Sie noch?

Was heißt: Ich rieche? Sie riechen moderndes Laub, Duft von Reseden, von Pilzen, von Rauch, von frischem Grün, von umgebrochener Ackerscholle: Erde! Irgendein Windhauch trägt Ihnen einen unerklärbaren Geruch zu. Ihre Nase prüft. Wovon stammt er? Wer sendet ihn? Sie suchen, schnuppern, wägen ab, vermuten, zweifeln ...

Was heißt: Ich schmecke? Von einem Strauch pflücken Sie eine Himbeere: rot, prall und saftig. Sie schmeckt süß und intensiv – und weckt das Verlangen, eine weitere Beere zu pflücken. Dort leuchtet eine rot zwischen den Blättern. Der Geschmack: Waldhimbeere zerfließt auf Ihrer Zunge. Was schmecken Sie noch?

Erfahrung der Sinne. Was ist das Ergebnis dieser Übung? Vielfältige Erfahrungen der einzelnen Sinne spielen zu dem einen Eindruck zusammen: etwa Himbeere, etwa Amsel, etwa Rose. Wer ordnet alle zu einem Ganzen?

Dazu kommt noch der Ertrag Ihrer Lebensgeschichte: Manche sinnenhafte Erfahrungen wecken Gedankenverbindungen an frühere Spaziergänge, an eine Rose, die Ihnen einmal (wann, wo, von wem doch nun?) geschenkt wurde ... Sinneserfahrungen wecken Freude und Entsetzen. Je älter ein Mensch wird, um so hintergründiger werden seine Sinneserfahrungen.

Meditation der Sinne – ein Weg zur Selbsterfahrung, in ihrer Tiefe und in ihrem beglückenden Reichtum [2].

3. Beobachten

Vorbemerkung: Die Fülle und der Wirrwarr der Eindrücke, die ein Mensch etwa auf einem Gang durch die City einer Stadt aufnehmen soll, überfordern ihn. Er übersieht vielerlei, greift oft nur die Signale der Gefährdung oder die unmittelbar ansprechenden Reize auf. Nicht anders ergeht es dem Fernsehzuschauer. Aus der Unsumme der gebotenen Eindrücke haften nur einige tiefer, vermutlich jene, die uns „treffen". Entgeht uns dabei nicht vieles? Vielleicht sogar das Wesentliche? Sind wir für unsere Oberflächlichkeit und die daraus entstehende Nicht-Betroffenheit nicht verantwortlich? Wir müssen das Schauen wieder lernen!

Übung

Sie stehen an einer Mauer über einem Steilhang, tief unter Ihnen eine Wiese. Sie nehmen ein Ahornblatt (jedes andere große Blatt tut es auch) und stoßen es weit in die Luft hinaus. Sie werden später sagen: Es ist hinabgesegelt, getrudelt, getorkelt, geschwungen, gefallen, gestürzt, gesunken. Wie sehr unterscheidet doch unsere Sprache! Haben Sie die Unterschiede wahrgenommen? Wie ging es dieses Mal zu? Das Blatt kippte um, wurde von einem sanften Luftzug einige Ellen weit mitgenommen, dann unsanft abgeladen, es sackte nach links ab, rollte plötzlich um seine eigene Achse, machte einen Salto mortale, fegte am Boden noch einige Meter dahin, schleifte – und blieb mit einem Ruck liegen. Haben Sie das gesehen? Wie hätten Sie es gesagt! Verfolgen Sie das nächste Blatt in seiner „Erdenfahrt".

Sie stehen auf einer Brücke, die über einen Bach im Park führt. Sie haben sich einen kleinen Stein vom Wege aufgelesen und lassen ihn ins Wasser plumpsen. Das Steinchen versinkt im ruhigen Gewässer, wirft einen Tropfen nach oben – und weckt Wellen, Ringe, Kreise, die immer weiter auseinanderlaufen, schaukelnd, bis ans Ufer, oder weit hinaus, bis sie kleiner werden, verebben. – Ein zweiter Versuch: Sie lassen zwei Steinchen gleichzeitig nebeneinander in das Wasser fallen. Es entstehen zwei „Wasserspiele". Die Wellen überschneiden sich: komische und zugleich präzise Gebilde. Verfolgen Sie die Wellen...

Sie gehen am Waldrand entlang und – bewegt sich dort nicht ein Ast? Sie entdecken ein Eichhörnchen. Wirklich nur ein buschiger Schweif? Da ein vorwitziges, glitzerndes Auge, hochgestellte Lauscher, flinke Pfoten. Ein Schwung, ein Sprung auf einen torkelnden Ast – und weiter an den Stamm hinauf und hinab... Sie stehen und schauen und staunen. Vielleicht kommt Ihnen dieser Kobold auf tapsigen Pfoten sogar näher, zutraulich wie Tiere manchmal sind...

Beobachten: Wind verfängt sich in einer Eiche, Sonnenstrahlen laufen gleißend über eine Eisfläche, Sturm peitscht Wellen an ausgehöhlte Ufer, Berge stehen glasklar im späten Abendlicht, getaucht in Röte, der Mond gleitet, hell und distanziert, dahin zwischen zwei Wolken, ein Kind baut besinnlich eine Burg aus Sand, redet fröhlich vor sich hin, ist tief versunken...

Wie Sie sehen, kann man das Beobachten lernen. Je genauer, liebevoller man schaut, um so mehr nimmt man „wahr", d.h. greift man aus der Wirklichkeit auf. „Man sieht nur mit dem Herzen gut; das Wesentliche ist für die Augen unsichtbar", belehrt uns „der Kleine Prinz" von A. de Saint-Exupéry. Darin unterscheidet sich ja der Mensch vom Tier, daß er nicht eine Umwelt hat (etwa die einer Mücke, eines Adlers, eines Löwen), sondern in der Welt lebt; daß er nicht in den Ausschnitt des Ganzen eingesperrt ist, sondern in das „All" gerufen ist[3].

4. Meditation über eine Blume

Vorbemerkung: Der technische Mensch vollbringt sein Leben in einer Welt, die zum großen Teil sein Werk ist; sie gehorcht ihm. Er dreht am Lichtschalter, und die Lampe leuchtet auf. Er gibt seinem Auto Gas, und sofort steigt das Tachometer von 100 auf 120. Er steht am Labortisch, experimentiert mit chemischen Verbindungen, und das vorausberechnete Ergebnis stellt sich ein. Geht in dieser Welt der Technik einmal etwas schief, spricht man von Materialmängeln oder von menschlichem Versagen. Eine Welt aus Schaltern, Druckknöpfen und Relais verstärkt die Versuchung, die Verbindung zum Lebendigen zu verlieren. Auch der Mensch selbst geht das Risiko ein, sich weniger als lebendigen Organismus denn als Roboter zu begreifen. Einer Korrektur dieser Fehleinstellung dient diese Übung.

Übung

Sie können sich – je nach Jahreszeit – eine Blume wählen, die Ihnen gefällt: Krokus oder Anemone im Frühjahr, Rose oder Enzian im Sommer, Herbstzeitlose oder Aster im Herbst, Alpenveilchen, Chrysantheme oder Christrose im Winter. Sie können die Blume, eben von einem Strauch gepflückt, in der Hand halten; Sie können sie vor sich in einer geschwungenen Vase sehen.

Eine Blume. Sie sehen ihre Form: Blätter, Blütenkelch, Stempel. Welche Form hat Ihre Blume? Sie benennen die Farbe: rot oder gelb, hellblau oder scharlachrot. Welche Farbe hat Ihre Blume? Sie empfinden den Duft: süß oder herb, wohltuend oder wild, geheimnisvoll. Welchen Duft hat Ihre Blume? Sie ertasten die Geschmeidigkeit der Blütenblätter und lesen die goldgelben Pollenkörner von Ihren Fingerspitzen. Sie betrachten Ihre Blume rundum. Sie staunen. Thomas von Aquin sagte: „Staunen ist eine Sehnsucht nach Wissen.“ Was wissen Sie nicht? Noch nicht?

Sie bedenken – etwa bei der Rose, die rot und duftend vor Ihnen steht: wie hölzern und unansehnlich der Rosenstock aus dem Winter kam, als der Schnee ihn freigab. Es trieben rötliche Sprossen – die Sonne gab wohl dazu den Befehl –, sie erstarkten, setzten Knospen und Blätter an – und die Knospe schwoll an, schwanger von Blütenblättern und Duft, bis eines Tages die Blüte geboren war. Die Blütenblätter, knittrig und alt, wurden straff, neu und strahlten in der Sonne. Was weiß man eigentlich, wenn man dieses „Wunder“ so beschrieben hat?

Was weiß man nicht? Wer gab den Befehl: Blühe! Wer mischte das Aroma des Duftes? Wer heißt der Blume, sich mit dem Lauf der Sonne zu wenden? Wer schließt ihre Blütenkrone bei Nacht, schützend vor der Kälte? Fragen, viele Fragen.

Ähnliches können Sie meditieren bei ganz einfachen Blüten, etwa beim Gänseblümchen. Bella perennis nennt sie die botanische Fachsprache: Jahresschönchen. Zu Tausenden blühen sie sommers auf den Wiesen. Dennoch ist jedes ein Wunder, weil es dem Menschen nie gelingen wird, diese kleine, schier nutzlose Blume künstlich zu „produzieren“, herzustellen. Der Mensch hat den Mond betreten; an einer solchen kleinen Blume wird sein Unternehmungsgeist, sein technisches Können scheitern.

Lebendiges, hineingenommen in Ordnungen und Gesetze, weckt Staunen, Fragen, Bewunderung, läßt stille werden. Haben Sie eben gestaunt? Gefragt? Bewundert? Sind Sie still geworden, weil Sie sich über-fragt empfanden? Bloßgestellt in aller Blasiertheit und wieder einmal – wie einst in Kindertagen – angesteckt von einer grenzenlosen Neugier?[4]

5. Befreiung zu den eigenen Wünschen

Vorbemerkung: Jeder Mensch hat so seine Wünsche, seine geheimen Sehnsüchte, sein immer wieder sich zu Wort meldendes Verlangen. Manche Erwartungen gehören so grundlegend zum Menschen, daß sie sich nicht verschütten lassen, daß sie trotz enttäuschender Erfahrungen immer wieder aufbrechen, wenn vielleicht auch mit ein bißchen Skepsis. Wünsche klopfen gleichsam immer wieder an und sagen dann das eine, das faszinierende Wort: Glück – oder: Geborgenheit – oder: Traum – oder: Prestige. Und wie diese bezaubernden Worte alle heißen mögen, die uns in Bann schlagen.

Diese Wünsche sind wichtig für unser Leben; denn sie verhindern, daß wir uns fraglos, bedenkenlos mit der Wirklichkeit unseres Lebens abfinden. Wünsche sind wie die Perpendikel in den Uhren: Sie erzeugen Unruhe und treiben voran. Der Wunschlose dagegen hat entweder das Glück in Fülle gefunden (wann wird das je eintreten?), oder (was wahrscheinlicher ist) er hat aufgegeben, weil er immer wieder enttäuscht wurde, weil unlautere Verheißungen maßlose Wünsche weckten und einen auf unerreichbare Ziele hin losschickten.

An diese Wünsche knüpft die Werbung mit ihren Slogans, Bildern und Texten an. Dadurch wird der Mensch manipuliert. Freiheit von den Wünschen anderer ist der erste Hinweg zu den eigenen Wünschen.

Diese Übung will nur eines: mit Werbepots aus der Urlaubsbranche konfrontieren und zu Nachdenklichkeit, zu Kritik, zu innerer Distanz ermutigen – und dadurch zu den eigenen Wünsche zurückführen.

Übung

Sie sollten die folgenden Texte, die alle aus den Katalogen von Touristikunternehmungen (1972) genommen sind, einmal langsam lesen und dabei auf die „Wunschvorstellungen" achten, die in Ihnen angesprochen werden. Werden Sie jene „Reizworte" entdecken, durch die Sie immer wieder manipuliert werden? Vielleicht unterstreichen Sie diese Worte?

1. Text: Sonne, Strände, Pferde, Ruhe und Entspannung, ein Paradies, verloren in einer Zeit des Massenurlaubs und der Abgasgifte? Nein! Entdecken Sie ein Paradies – Ihr Urlaubsparadies...

2. Text: Lassen Sie die Helden auferstehen. Im östlichen Mittelmeer sind sie überall zu erwecken. – Erleben Sie Geschichte ohne Geschichtslehrer.

3. Text: Gleißende Sonne auf glitzernden Gletschern. Wo Wasserfälle und Fjorde sich zu einmaligem Schauspiel vereinen.

4. Text: Unter der Mitternachtssonne, entlang der norwegischen Küste: Märchenhafte Seemeilen, die Sie nie vergessen.

5. Text: Ibiza, das andere Gesicht der Balearen: schön, romantisch, bezaubernd.

6. Text: Liebeserklärung an eine liebenswerte Insel Mallorca.

7. Text: Kein Krawattenzwang auf Korsika.

8. Text: Das ganze Urlaubsglück der Erde.

9. Text: Abwechslung ist alles: Was Sie hier erleben, dazu brauchen Sie sonst 10- oder 12mal Urlaub!

10. Text: Mallorca – Balearenkönigin. 300 Kilometer Küste bieten Platz für alle. Für Leute, die das süße, bunte, laute Leben lieben. Für Leute, die im Urlaub Ruhe und Entspannung suchen... Die Nächte in Mallorca sind lau. In der Metropole Palma und in den großen Touristenorten schlägt die Lebensfreude bunte Pfauenräder...

Sie können sich in einem Reisebüro auch einen der bunten, vielversprechenden Urlaubsprospekte holen und betrachten, lesen und bedenken...

Haben Sie jene Worte gefunden, die Sie faszinieren? Bei denen Ihr Herz mit seinen Wünschen immer laut „ja" gerufen hat?[5]

6. Konfrontation mit der ganzen Welt

Vorbemerkung: Trifft es nicht zu, daß wir viele Nachrichten hören und dann „zur Tagesordnung übergehen“, wie wir so sagen? Wir hören: Flugzeugabsturz, 150 Tote – Eisenbahnunglück – Überschwemmung – Erdbebenkatastrophe – Mord – Banküberfall – Kindesraub – Autounglück usw. Die Masse dieser Hiobsbotschaften bezweckt eigentlich nur eines: eine ungenaue Aufmerksamkeit und eine nur sentimentale Reaktion. Es geht um Nervenkitzel, um „Sensatiönchen“, aber nicht um echte Teilnahme, menschliche Betroffenheit, Erschütterung oder Ergriffenheit, Dankbarkeit oder Freude, letzte Hinnahme des menschlichen Lebens in seiner Rätselhaftigkeit und Seligkeit.

Daß diese Unansprechbarkeit ein Mangel ist, kann niemand bestreiten. Sie macht auch einen Teil der Langeweile aus; denn das Gefühl ist in seiner Tiefe verschüttet. Was kann man aber tun, um wieder jene seelische Empfindungsbreite zu gewinnen, in der man einerseits sich als Mensch die nötige humane Selbstachtung gewährt, in der man andererseits auch der Größe eines Geschehens (in Freude und Leid) gerecht wird? Man kann sich nur mit der Welt in ihrer Totalität konfrontieren – und sich entschließen, diese Konfrontation zu bestehen.

Übung

Die Übung können Sie vornehmen, indem Sie in einer Zeitung diese oder jene „aufregende“ Nachricht einmal nicht überfliegen, sondern in ihrer ganzen Tiefe zu erfassen suchen. Sie fragen sich: Was enthält die kurze Nachricht an menschlicher Tragik? Wie wurde durch dieses Ereignis in das Leben von Menschen, von Familien eingegriffen? Was ist Leid und Tod, Freude und Glück überhaupt? Wie kann man dieses Leben verstehen? Fragen Sie sich dabei, ob echte Anteilnahme in Ihnen wach wird, d. h., ob Sie „einen Teil nehmen" – von Glück und Leid?

Sie können auch die folgende Nachricht aus einer deutschen Tageszeitung langsam und aufmerksam lesen.

Riskant überholt – sechs Tote

Schwerer Verkehrsunfall auf der Bundesstraße 8 bei Passau / Polizeibericht

München (SZ) – Sechs Todesopfer hat ein schwerer Verkehrsunfall auf der Bundesstraße 8 zwischen Vilshofen und Passau gefordert. Ursache des Unglücks, das sich gestern nachmittag ereignete, war nach Angaben der Polizei ein mißglücktes Überholmanöver eines Autofahrers aus Erlangen, das zu einem Zusammenstoß zwischen zwei Lastwagen und zwei Personenautos führte. Sechs der sieben Insassen der beiden beteiligten Personenautos fanden den Tod, ein siebter wurde lebensgefährlich verletzt. Die beiden Zusammenstöße waren derartig heftig, daß die Leichen der Opfer bis zur Unkenntlichkeit verstümmelt wurden

Nach den bisherigen Ermittlungen der Polizei hatte ein mit vier Personen besetztes Auto mit Erlanger Kennzeichen einen vor ihm fahrenden Lastwagen kurz nach dem Überqueren eines Bahnübergangs zu überholen versucht. Wegen Gegenverkehrs mußte der Personenwagen zu schnell nach rechts einbiegen, wurde von dem überholten Lastwagen erfaßt und auf der linken Fahrbahnseite gegen einen entgegenkommenden Lastwagen geschoben. Nach dem Zusammenprall geriet der zweite Lastwagen ins Schleudern und rammte auf seiner Gegenfahrbahn einen Personenwagen aus Passau mit solcher Wucht, daß beide Fahrzeuge über die Straßenböschung stürzten.

In dem Erlanger Personenwagen starben drei Menschen, ein vierter Insasse wurde lebensgefährlich verletzt. Alle drei Insassen des Passauer Autos, ein junges Ehepaar und eine ältere Frau, starben noch an der Unfallstelle. Ein Lastwagenfahrer erlitt einen Schock. Die Bundesstraße 8 war nach dem Unfall mehrere Stunden blockiert.

Erst am späten Montagabend konnte die Polizei die Namen der bei dem Verkehrsunfall getöteten Personen angeben. In dem Passauer Personenwagen starben der 22jährige Heinrich Kölbl aus Schalding (Landkreis Passau) und seine 23jährige Frau Helga sowie Kölbls Schwiegermutter, die 45jährige Berta Schneider aus Passau. In dem Erlanger Auto kamen der Fahrer, der 39jährige Buchbinder Paul Kania aus Bubenreuth (Landkreis Erlangen), sowie seine Eltern, die 67jährige Anna Kania und der 77jährige Dr. Alois Kania ums Leben. Paul Kanias 39jährige Frau Pauline wurde schwer verletzt.

Sie haben die Nachricht langsam gelesen? Namen, Situationen, Termine, Wirkungen: eine schier alltägliche Nachricht. Denken Sie einmal nach, was wäre, wenn ... wenn eben jener nicht „riskant überholt" hätte? Was wäre, wenn unter den Toten ein Bekannter von Ihnen, Ihr Bruder oder gar Ihre Tochter gewesen wäre? Bleibt Ihnen nur die Frage: Warum? Oder kann man solchem Geschehen gegenüber auch anders re-agieren?[6]

7. Träumen

Vorbemerkung: In einer Zeit, in der die Machbarkeit aller Dinge, die Steuerung aller Vorgänge, die Kybernetik das wissenschaftliche Denken (und nicht nur dieses!) bestimmen, hat der Traum einen schlechten Ruf, ist ein Wort von Josef Weinheber ein Ärgernis: „Vom Brote nicht allein, vom Traume lebt der Mensch." Ist das Romantik? Irrealismus? Phantastik? Eskapismus?

Daß das Träumen zum Menschen gehört, wird aus drei Tatsachen der modernen Welt bewiesen. Die bunten Urlaubsprospekte kommen ohne das Wort „Traum" nicht aus: Sie reden von „Traumreise", von „Trauminsel", vom „Traumstrand", vom „Traumhaus". Der andere Beleg für unsere Behauptung: In der modernen Futurologie schlagen sich Träume wissenschaftlicher Art nieder. Es wird dabei nicht von „Sterntaler" oder „traumhafter Angstsituation" gesprochen, aber es wird die konkrete Utopie in die Konturen der Zukunft eingetragen. Den dritten Beweis liefert die Medizin: Ein Mensch, den man systematisch am Träumen hindert, ihn also immer aufweckt, wenn er zu träumen beginnt, kann nicht leben; er wird sterben.

In Nachtträumen verarbeitet der Mensch die Totalität seines Lebens: greift Ängste des Tages auf, verdrängte Sehnsüchte, unerfülltes Streben, großes Glück. In Tagträumen läßt man die Wünsche auf der Traumwiese weiden, pflegt man sein Glück, wandert man aus der harten Realität aus in eine andere Welt.

Die Übung dient der Weckung der inneren Vorstellungskraft und des Wunsch- und Traumvermögens. Phantasie ist gefragt.

Übung

Sie nehmen ein Märchenbuch zur Hand, etwa Grimms Märchen oder eines der vielen Märchenbücher, die fernöstliche, fremde Märchen enthalten. Sie lesen dieses Märchen langsam durch, lassen sich Zeit bei jedem Wort, atmen langsam und tief, denken nach, lassen sich von der Suggestivkraft eines Wortes oder Wortbildes verführen – und Sie versuchen zu träumen. – Damit Ihnen ein Text zur Hand ist, wird hier das Märchen „Sterntaler“ abgedruckt.

Die Sterntaler

Es war einmal ein kleines Mädchen, dem waren Vater und Mutter gestorben. Und es war so arm, daß es kein Kämmerchen hatte, darin zu wohnen, und kein Bettchen mehr, darin zu schlafen, und endlich gar nichts mehr als die Kleider auf dem Leib und ein Stückchen Brot in der Hand, das ihm ein mitleidiges Herz geschenkt hatte. Es war aber gut und fromm. Und weil es so von aller Welt verlassen war, ging es hinaus ins Feld und dachte: „Der liebe Gott wird mir schon helfen.“

Da begegnete ihm ein armer Mann, der sprach: „Ach, gib mir etwas zu essen. Ich bin so hungrig.“ Das Mädchen reichte ihm das ganze Stückchen Brot und sagte: „Gott segne dir's!“ und ging weiter. Da kam ein Kind, das jammerte und sprach: „Es friert mich so an meinen Kopf. Schenk mir etwas, womit ich ihn bedecken kann!“ Da gab ihm das Mädchen seine Mütze. Und als es noch eine Weile gegangen war, kam wieder ein Kind. Das hatte kein Leibchen an und fror. Da gab es ihm seins und ging weiter. Da kam noch ein Kind und bat um ein Röcklein. Da gab es auch sein Röcklein hin. Endlich gelangte es in einen Wald. Es war schon dunkel geworden. Da kam noch ein Kind und bat um ein Hemdlein. Und das fromme Mädchen dachte: „Es ist dunkle Nacht, da sieht dich niemand, du kannst wohl dein Hemd weggeben.“ Und es zog das Hemd ab und gab es auch noch hin.

Und wie es so stand und gar nichts mehr hatte, fielen auf einmal Sterne vom Himmel. Und es waren lauter harte, blanke Taler. Und ob es gleich sein Hemdlein weggegeben, so hatte es ein neues an. Das war vom allerfeinsten Linnen. Da sammelte es die Taler hinein und war reich für sein Lebtag.

Sie haben das Märchen gelesen, sich vielleicht auch an Ihre Kindertage erinnert, in denen Ihre Mutter Ihnen dieses schöne Märchen erzählte oder Ihnen vorlas. Was meinen Sie heute: Stimmt die Aussage des Märchens, oder ist sie gänzlich falsch? Ist es wirklich nur ein unrealistischer „Traum“, daß der Gute belohnt wird?[7]

8. Hintergründiger Alltag

Vorbemerkung: Es wäre ein Mißverständnis, meinte man, der moderne Mensch, der seine Langeweile überwinden will, müsse aus dieser realen Welt in ein Wolkenkuckucksheim übersiedeln. Nein! Er muß nur lernen, die Tiefe dieser Welt zu empfinden und sich in ihrer Ganzheit einzurichten. Oberflächlich muß man jenen nennen, der sich in einem Sektor der Welt eingemietet hat, der nur eine Schicht des Erlebnisses für wirklich nimmt, der nur das pure Faktische für real hält und die Außenseite eines Tuns zum ganzen Tun aufwertet und damit mißversteht, ohne auf die Innenseite, den eigentlichen Gehalt, zu achten.

Absicht der Übung ist es, den Hintergrund unseres Tuns aufzuhellen, ihn vielleicht erstmals wieder (als Goldgrund wie bei russischen Ikonen?) in den Blick zu bekommen.

Übung

Daß unser Tun hintergründig ist, mag ein Gedicht von Joachim Ringelnatz über das „Schenken" verdeutlichen, das Sie unten abgedruckt finden. Lesen Sie dieses Gedicht langsam und nachdenklich durch. Nehmen Sie keinen Anstoß an seinem moralischen Anspruch. Lesen Sie langsam, lesen Sie es sich laut vor...

Schenken

Schenke groß oder klein,
Aber immer gediegen.
Wenn die Bedachten
Die Gaben wiegen,
Sei dein Gewissen rein.

Schenke herzlich und frei.
Schenke dabei,
Was in dir wohnt
An Meinung, Geschmack und Humor,
So daß die eigene Freude zuvor
Dich reichlich belohnt.

Schenke mit Geist ohne List.
Sei eingedenk,
Daß dein Geschenk
Du selber bist.

Sie haben das Gedicht gelesen. Stimmt es, was Joachim Ringelnatz sagt? Oder läßt sich heute *so* nicht mehr schenken? Weil die Menschen viele Dinge schenken, aber nicht sich? Weil man Geschenke baldmöglichst erwidert, um der Dankesschuld ledig zu sein? Weil Geschenke Arrangements sind – herüber und hinüber?

Sie werden sich an manche Geschenke erinnern, die Sie erhielten oder die Sie gaben. Wann waren Sie am glücklichsten? War dann nicht etwas von der großen Forderung dieses Gedichts erfüllt?

Sie hadern noch mit Ringelnatz? Wollen Sie sich wirklich für diese abgezirkelte Mathematik entscheiden, die ein Geschenk an seinem Wert mißt? Eine provozierende Frage: Welches Geschenk ist wertvoller: der Nerzmantel, den eine Frau von ihrem Mann erhält, sozusagen als Entschädigung für die Untreue mit der Freundin, oder jenes kleine, aus Pappe gebastelte, schiefe Haus, das der Vierjährige mit verschämtem Stolz seiner Mutter zum Geburtstag bringt? Wer schenkt mehr?

Es wäre gut, wenn Sie nach dieser Überlegung das Gedicht noch einmal lesen würden[8].

9. Was erfüllt Ihr Leben eigentlich?

Vorbemerkung: Jeder Mensch lebt in Illusionen. Hart ist jeweils das Erwachen, wenn die Wirklichkeit sich schonungslos präsentiert. Deshalb kann es nicht schaden, des öfteren eine möglichst unfrisierte Bilanz zu ziehen. Das folgende „Spiel" kann dazu verhelfen, manches von dem zu erkennen, was man sonst nicht „vor-kommen" läßt. Entsteht Langeweile dort, wo die Totalität der Wirklichkeit nicht zur Kenntnis genommen wird, dann vollzieht sich auch hier „Therapie der Langeweile".

Übung

Nehmen Sie sich ein großes Blatt Papier und notieren Sie darauf untereinander alle Tätigkeiten, die von Ihnen Tag für Tag, von früh bis in die Nacht verrichtet werden: aufstehen, ankleiden usw. Wenn Sie diese Liste abgeschlossen haben – es wird eine lange Reihe sehr unterschiedlicher Tätigkeiten sein –, schreiben Sie daneben die Zeit, die Sie dafür aufwenden: zehn Minuten, eine Stunde, fünf Minuten usw. Schreiben Sie, bitte, erst alle diese Zeitangaben, bevor Sie weiterlesen...

Haben Sie die Zeitangaben notiert? Ja? Nun zählen Sie diese Zeitangaben zusammen. Wie lautet das Ergebnis? Sind Sie täglich 36 Stunden beschäftigt oder nur 17 Stunden? Oder wie ist der Befund? Bedenken Sie, was das für Ihren ganzen Lebensstil bedeutet. Zu viel Zeit? Zu wenig Zeit? Hektik? Geruhsamkeit? Langeweile? Halten Sie den ersten Eindruck von dieser Einsicht lange fest...

Nun versehen Sie alle Tätigkeiten mit einem Plus- oder Minus-Zeichen, um damit die Zustimmung oder Ablehnung Ihrer Tätigkeit kundzutun. Sie wandern also wiederum die lange Reihe Ihrer Tätigkeiten entlang...

Haben Sie die verschiedenen Zeichen angebracht? Nun zählen Sie die einzelnen Plus- oder Minuszeichen zusammen. Wie steht es mit dem Verhältnis beider zueinander? Wer hat die Vorhand: das Bejahte oder das Verneinte? Und warum...

Sie könnten auch noch die jeweiligen Plus- oder Minus-Zeichen mit den Zeitangaben vergleichen. Fällt Ihnen dabei etwas auf? Stimmt es, daß positiv bewertete Tätigkeiten schneller vergehen, negativ qualifiziertes Tun in der Dauer überschätzt wird? Gilt auch hier: Dem Glücklichen schlägt keine Stunde?

Das Ergebnis dieses ersten Spiels könnte lauten: Mein hektischer Alltag, der mich nicht zur Ruhe kommen läßt, verliert sich in vielen Nebensächlichkeiten, geht auf in ungeliebter Arbeit, macht mich müde. Ein anderes Ergebnis: Mein träge dahinfließender Tag kennt keine Höhepunkte, weiß um keinen echten Rhythmus von Arbeit und Muße. Die Zeit fließt müde dahin und nimmt mich sozusagen auf ihrem Rücken mit. Was ergibt sich daraus für Sie?

Sie könnten endlich dieses Spiel abschließen mit folgender Übung: Notieren Sie alle jene Tätigkeiten, die Sie tun würden, wenn Sie frei von dem Zwang wären, Geld zu verdienen, sich ihren Lebensunterhalt sichern zu müssen. Was würden Sie tun? Notieren Sie alle Ihre seit langem gehegten Wünsche...

Nun haben Sie Ihre Wünsche notiert? Ist Ihnen das Wichtigste gleich eingefallen? Würden Sie Ihre tägliche Zeit damit ausfüllen können? Oder bleibt ein großer Zeitraum übrig? Sind Ihre Wünsche Ihre eigenen Anliegen oder schlägt sich in ihnen nur die Suggestion der Werbung nieder? Beantworten Sie sich diese Fragen. Die Antworten geben Ihnen Aufschluß darüber, ob Sie aus einem echten, integrierenden Lebenssinn heraus Ihre Tage gestalten können, oder ob Sie ein Geschobener, Getriebener, je neu Verführter sind.

Am Ende dieses Spiels ist vielleicht die Illusion zerbrochen, man sei souveräner Herr seiner Zeit. In Wirklichkeit ist man Sklave der Minuten. Man ist mehr Knecht seiner Wünsche als ein Meister seiner geheimsten Sehnsucht. Resultiert daraus nicht die Entfremdung von anderen Menschen und jene innere Dissonanz, die immer wieder aufschreckt und unruhig macht? Will man nicht gerade sie verdrängen – in der Langeweile?[9]

10. Geheime Wertordnung des Lebens

Vorbemerkung: Alle Menschen leben in verschiedenen Welten, in der bewußten und in der unbewußten, in der Welt des schönen Scheins und in der des Seins, in der der Masken und in der Welt hinter den Kulissen. Konflikte ergeben sich dort, wo plötzlich die Masken brüchig werden oder verrutschen, wo sozusagen der „wahre" Mensch sichtbar wird. Wenn hier nun auf diesen „wahren" Menschen zugegangen werden soll, beabsichtigt diese Übung weder eine totale Konfrontation mit sich selbst noch eine gänzliche Entblößung vor anderen. Es gibt auch das sanfte Erbarmen kleinerer oder größerer Täuschungen, das uns in Grauzonen zu leben erlaubt. Die luzide Klarheit der Selbst- und Fremderkenntnis scheint selten und ist vermutlich nur dort gestattet, wo der Mensch sich von der Liebe eines anderen Menschen oder von der Liebe Gottes in seiner Erbärmlichkeit angenommen weiß.

Das Anliegen dieser Übung lautet, etwas mehr die eigene Wirklichkeit zu entdecken.

Übung

Sie nehmen sich ein Blatt Papier und notieren auf ihm jene Rangordnung der Werte (wie Liebe, Geld, Glaube, Beruf, Familie usw.), die Sie theoretisch für richtig halten, die also ganz abstrakt zwischen allen Menschen Geltung besitzen sollte, damit Friede und Glück möglich sind.

Beginnen Sie also mit ... Womit? Schreiben Sie erst diese acht bis zwölf Werte untereinander auf, bevor Sie weiterlesen.

Haben Sie diese theoretische Wertordnung zu Papier gebracht? Nun falten Sie das Blatt Papier so, daß Sie Ihre Aufzeichnung abdecken, daß Sie also diese theoretische Ordnung nicht mehr lesen können. Nun schreiben Sie rechts auf die abdeckende Seite (ohne jeweils umzublättern) Ihre praktische Wertordnung nieder: Was bestimmt eigentlich Ihr Leben? Welche Werte haben einen gewissen Vorrang? Was bewegt Sie am meisten? Wovon träumen Sie bei Tag oder Nacht? Überlegen Sie – und dann notieren Sie wiederum, was Ihnen einfällt. Lassen Sie sich Zeit, bevor Sie weiterlesen...

Sie haben wieder eine lange Liste von Werten notiert. Nun entfalten Sie das Blatt. Es stehen zwei lange Reihen von Werten nebeneinander: die theoretische und die praktische Wertordnung Ihres Lebens. Was stellen Sie fest? Stimmen beide Ordnungen überein? Wo unterscheiden Sie sich? Welche Werte rücken vor? Welche fallen in der praktischen Rangordnung zurück? Was entnehmen Sie daraus?

Nun wird es gewiß immer Differenzen zwischen unseren Idealen und deren Verwirklichung geben. Wo die Diskrepanz allerdings zu groß wird, wächst der innere Konflikt, nimmt auch der Unfriede mit anderen zu, entsteht Resignation. Da man auf die Dauer diese Selbstkonfrontation, die einen entlarvt, nicht aushält, schiebt man alle Wertfragen beiseite und versucht einfach, von einem Tag in den anderen zu leben. Man sagt: Man lebt pragmatisch. Lebt man dann nicht ohne einen letzten Sinn? Liegt hier dann nicht der Ursprung der Langeweile, weil alles „gleich-gültig" geworden ist – und es kein Größer und Kleiner, kein Wertvoll und Wertlos mehr gibt? Eine totale (sittliche) Nivellierung.

Übrigens: Als im Jahre 1969 Primaner in Freiburg i. Br. nach ihrer realen und idealen Wertordnung befragt wurden, ergaben sich die beiden folgenden Ordnungen: Ideale Wertordnung: 1. Nächstenliebe, 2. Wissen, 3. Religion, 4. Kunst, 5. Lebensstandard, 6. Ansehen und Macht. – Reale Ordnung: 1. Wissen, 2. Kunst, 3. Lebensstandard, 4. Nächstenliebe, 5. Ansehen und Macht, 6. Religion. – Was meinen Sie zu dieser Umordnung? Ist sie mit der Ihren vergleichbar?[10]

11. Die Annahme seiner selbst

Vorbemerkung: Viele Menschen leben gar nicht ihr eigenes Leben, leben nicht so, wie sie sind. Sie haben sich, aus Klugheit oder aus Schwäche, dazu entschieden, der zu sein, der sie nach dem Urteil ihrer Mitmenschen sind; der zu sein, für den sie gehalten werden; der zu sein, den sie vorgeben zu sein. Rolle und Maske sind mit der Person selbst zu einer Einheit verschmolzen.

Man kann nicht bestreiten, daß diesen Menschen dadurch das Leben erleichtert wird, zumal keiner gezwungen ist, sich vor jedem Publikum in letzter Offenheit zu geben. Aber wird das Leben dadurch auch glücklich? Glücklicher? Heißt: an sich vorbeileben nicht zugleich, die Chance der eigenen Menschwerdung mindern? Wäre es nicht ratsamer, sich anzunehmen, ja zu sich zu sagen, nicht an sich vorbeizublicken? Was kann man tun, um sich selbst anzunehmen?

Übung

Sie haben gewiß in Ihrem Zimmer einen Spiegel, groß genug, um Ihr ganzes Gesicht darin zu erblicken. Schauen Sie sich längere Zeit in diesem Spiegel an ...

Was nehmen Sie „wahr" – in dieser Konfrontation, die vermutlich alle Eitelkeit abfallen läßt; denn Sie wollen sich ja sehen, wie Sie sind, ohne „Make-up". Sie sehen, daß Ihr Auge lebendig ist, lebhaft oder müde. Wie ist es? Daß es vertrauend wirkt und optimistisch oder mißtrauisch, sozusagen sich in den Augenhöhlen versteckt. – Wie ist Ihr Mund? Verbittert und in den Mundwinkeln verkniffen oder an-sprechend? – Wie ist Ihre Stirn? Glatt oder von vielen Falten durchfurcht, Zeichen von Nachdenklichkeit, von Sorgen, von Ärger, von Alter? Wie würden Sie über sich selbst urteilen?

Sie haben sich angeschaut. Sie haben sich gesehen. Lassen Sie nun das Nachbild in Ihrer Seele ruhen – und denken Sie jetzt nach über sich: Erinnerung, Rückbindung Ihres Antlitzes auf Ihre Geschichte.

Es wird Sie dabei die Frage bedrängen: Kann ich so „ja" zu mir sagen? Kann ich mich so, wie ich bin, annehmen? Welche Gründe gäbe es, mich abzulehnen? Denken Sie darüber nach...

Sie haben die Gründe gefunden, weshalb Sie sich ablehnen dürften. Etwa diesen Grund: Meine Lebensgeschichte ist zu verworren, schuldbeladen, voll von Verhängnis. Oder einen anderen: Meine Talente sind verglichen mit denen meiner Mitmenschen gering; meine Startbedingungen ins Leben waren ungünstig. Oder ein dritter Grund: Ich habe im Leben alles falsch gemacht; ich möchte noch einmal von vorne anfangen, wenn es möglich wäre. Haben Sie noch andere Gründe? Wägen Sie diese Gründe: Reichen sie aus, um sich selbst die rechte Selbstliebe zu verweigern?

Sie haben über diese richtige Selbstliebe nachgedacht. Haben Sie auch gespürt, daß es einen Menschen von großem Krampf befreien könnte, wenn er sich wirklich ins Gesicht schaute und „ja" zu sich sagte? Wäre man nicht freier, frei von Angst, andere in ihren hochgeschraubten Erwartungen zu enttäuschen, von der Beklemmung, einmal seiner „Rolle" nicht zu entsprechen, von der Jagd nach Prestige, immer der oder die Beste sein zu müssen?

Sollte die Chance dieser Freiheit Sie nicht reizen, dieses „ja" zu sich zu wagen? Sie können dabei nichts verlieren, Sie können nur gewinnen, nämlich sich selbst.

Versuchen Sie einmal leise in sich hinein oder besser noch: laut zu sich „ja" zu sagen und darin sich anzunehmen: Gestalt und Geschichte, Geschlecht und Talente, Ehe und Familie, Kinder und Beruf, Schuld und Leid, Freude und Glück, Verlorenes und Verdorbenes, Geglücktes und Beglückendes, die Seligkeit und die Rätselhaftigkeit Ihres Lebens.

Sagen Sie „ja". Es ist ein beglückendes, befreiendes Wort[11].

12. Rechenschaft

Vorbemerkung: Jeder Mensch grübelt immer wieder nach über sich, fragt sich, ob er eine positive Bilanz seines Lebens ziehen könne. Die Bilanz will nicht eine Summe finanzieller Erfolge aufweisen; sie will jenen menschlich-bleibenden Gewinn sammeln, der in Liebe, Güte und Wohlwollen ebenso wie in Treue und Anbetung allmählich zusammenkam.

Bei solcher Inventur gibt es zweierlei Möglichkeiten. Die einen Menschen sind so sorglos leicht und sehen in so rosiger Sicht ihr eigenes Leben, daß es darin nur Gewinn gibt, daß die Haben-Seite gleichsam vielstellige Zahlen aufweist, die Sollseite dagegen schier leer bleibt: nur Pfennige. Optimisten? Phantasten? Irrealisten?

Die anderen Menschen bleiben in den Finsternissen ihres Lebens und in den Abgründen ihrer Seele hängen. Bruch, Schuld, Verhängnis, Schicksal, Leid sind die Worte, in die sie die Summe ihres Lebens fassen. „Es hat sich eigentlich nicht gelohnt.“ Sind diese Realisten? Pessimisten? Grübler?

Vielleicht besteht an diesem Tag eine bessere Situation, wenn Sie Bilanz ziehen: Sie haben ein wenig die Tiefe Ihrer Seele erhellt und haben versucht, sich selbst anzunehmen. Sollte man nicht heute einmal „Bilanz ziehen“?

Übung

Sie wollen Bilanz ziehen, Rechenschaft geben. Wie können Sie dies tun? Es gibt verschiedene Weisen. Wählen Sie jene aus, die Ihnen aufgrund Ihrer jetzigen Lebenssituation am leichtesten fällt.

Sind Sie in der Fremde, so könnten Sie einmal einen ernsten Brief an Ihren Gatten, Ihre Eltern, Ihre Kinder oder an den Menschen schreiben, mit dem Sie das Leben teilen. Sie könnten vielleicht „nur" einen Brief schreiben, der Freude machen will und dadurch anzeigen (was nur Sie wissen!), wie sehr Sie von sich selbst und Ihrem Egoismus weggefunden haben. Sie können aber in einem Brief auch dem anderen erzählen von Ihren heutigen Überlegungen: Was fiel Ihnen ein?

Sie können sich, falls Sie daheim sind, einen Menschen Ihres Vertrauens suchen und mit ihm ein Gespräch führen. Dieses Mal ein tieferes Gespräch.

Falls Sie im Urlaub sind oder auswärts eine Kur machen, könnten Sie eventuell den Urlauber- oder Kurseelsorger aufsuchen und ihn um eine Aussprache bitten.

Und falls Sie keinen Menschen haben, falls Sie den einen Rat für unsinnig, den anderen für unverwirklichbar halten, dann könnte jener, der noch ein Tagebuch führt, darin einige Seiten mit Rechenschaft füllen; es könnte ein anderer einen Brief an seine Eltern schreiben – so in allem Ernst an die toten Eltern – und ihnen von dem Leben erzählen, von dem sie ja keine Ahnung mehr haben: von seinem Gewinn und seinem Verlust.

Welche Weise der Rechenschaft haben Sie gewählt? Ist es nicht lehrreich, in der Hektik innezuhalten, umzuschauen und zu sehen, was wirklich geblieben ist – und was leider zerfiel?

(Natürlich gibt es die verschiedensten Maßstäbe von Gewinn und Verlust. Aber das werden Sie ja ahnen. Welche Maßstäbe sind die Ihren?)[12]

13. Die Sprache macht aufmerksam

Vorbemerkung: Unsere Sprache gebrauchen wir Tag für Tag (ohne uns viel dabei zu denken), um uns mitzuteilen, um Wünsche zu äußern, Fragen zu stellen, Rat und Befehl zu erteilen. Sie dient also der Kommunikation. Sprache hat noch eine zweite Bedeutung: in ihr ist nämlich eine Sicht des Menschen enthalten. Wie der Mensch sich selbst versteht, spricht er (einschlußweise) in seiner Sprache aus. Deshalb gibt es ja eine Veränderung der Sprache in den einzelnen geschichtlichen Epochen, deshalb sprechen die verschiedenen Bildungsschichten ganz unterschiedliche Sprachen, mit jeweils anderem Wortschatz. Der Mensch spricht sich in seiner Sprache aus und fühlt sich zugleich in ihr aufgehoben.

Sprache, in Wortschatz und Satzbau, ist das Ergebnis einer jahrhundertelangen „Arbeit“ eines Volkes. In vielen Feinheiten spiegelt sich eine differenzierte Begegnung mit der Wirklichkeit. Je aufmerksamer man die Sprache gebraucht, beobachtet und versteht, um so mehr verrät sie einem über den Menschen, der sie spricht, über das Volk, das sie schuf. Sprache ist Volksmund.

Übung

Es geht in dieser kurzen Besinnung um die drei Worte: Gemüt, Mut und Langeweile. Alle drei Worte sagen etwas Entscheidendes über den Menschen aus.

Bedenken Sie zuerst das Wort Gemüt. Was versteht man heute so allgemein darunter? Den Bereich des Emotionellen, den affektiven Kern des Menschen, jene Mitte, die weithin mit dem Gewissen identisch ist. Die Vorsilbe „Ge-“ macht uns auf etwas aufmerksam. „Ge-“ ist immer eine Bezeichnung für ein Zusammensein, für eine Menge, für eine „Kollektivverbindung“. Wir sagen für eine Summe von Bergen „Gebirge“, für eine Menge von Schmecken „Geschmack“ usw. Gemüt ist also eine „Menge an Mut“. Damit ist eines doch schon richtig gesehen: Gemüt sagt „Fülle“ von „Mut“, d.h. von Gesinnungen und Stimmungen und Fühlungen (wenn man so sagen darf). Halten Sie diese erste Einsicht fest.

Ein zweiter Gedankenschritt: Was ist nun Mut? Welche Arten von Mut gibt es? Wir haben im Deutschen ja viele Wörter, die mit „Mut“ zusammengesetzt sind. Könnten sie diese Wörter einmal alle notieren? Welche fallen Ihnen ein? Etwa Langmut, Demut...

Sie haben die Wörter notiert? Es gibt deren zwanzig. Nämlich: Anmut, Armut, Demut, Edelmut, Einmut, Freimut, Frohmut, Gleichmut, Großmut, Hochmut, Kleinmut, Langmut, Leichtmut, Mißmut, Sanftmut, Schwermut, Übermut, Unmut, Wagemut, Wankelmut, Wehmut. Eine ansehnliche Reihe von Wörtern. Welche hatten Sie vergessen? Wird in diesen verschiedenen „Muten“ nicht Wesentliches über den Menschen gesagt? Über die Höhe und Länge, die Größe und Kleinheit seiner inneren Gesinnung? Welcher Mensch wird dadurch beschrieben? Gewiß kein eindimensionaler Mensch, sondern ein Mensch in vieldimensionalen Beziehungen. Welcher „Mut“ ist Ihnen zu eigen? An welchem mangelt es Ihnen?

Ist es richtig, wenn man sagt: Gemüt enthält die verschiedensten Arten von Mut? Es ist ihr Ursprung, ihre Quelle, ihre Ursache?

Eine kleine Anmerkung: Die Unterschiede im sprachlichen Geschlecht, ob weiblich oder männlich, leiten sich weithin davon her, ob das zusammengesetzte Wort vom Adjektiv ausgehend gebildet wurde oder eine „echte“ Zusammensetzung mit Mut ist. Daß die weiblichen Worte die guten Eigenschaften, die männlichen die schlechten bezeichnen, wäre gewiß eine Überinterpretation des sprachlichen Befundes.

Langeweile enthält in sich das Wort „Weile“ = Zeit und lang; es ist konfrontiert mit dem Wort „Kurzweil“. Langeweile ist öde, sagt man; Kurzweile ist unterhaltsam. In dem einen Fall scheint die Zeit stehenzubleiben, im anderen Fall zu eilen. Trifft das Wort die Empfindung? Und könnten Sie eine langweilige oder eine kurzweilige Situation mit eigenen Worten beschreiben?

Die Sprache trifft den Menschen in seiner sehr gemüthaltigen Situation und macht ihn auf sich selber aufmerksam. Stimmt es? [13]

14. Eindrücke sammeln und aufbewahren

Vorbemerkung: In jeder Minute stürzen Eindrücke auf uns ein, unzählige, ohne daß wir sie in ihrer Fülle und in ihrer Tiefenwirkung registrieren. Um etwas mehr Herr seiner selbst zu werden, wäre es gut, einmal auf die Eindrücke zu achten, die Impressionen in ihren Auswirkungen zu verfolgen, die ja zuweilen recht verschlungene und geheimnisvolle Wege in uns gehen. Manche unserer Reaktionen scheinen uns unmotiviert, unbegründet, plötzlich sozusagen aus unserem Unbewußten aufschießend. Man ist dann über sich selbst erstaunt, ja sogar erbost. In Wirklichkeit ist es nur ein spätes Echo auf einen Eindruck, ein verzögerter Widerhall.

Man wird nicht alle Eindrücke verfolgen können. Dies würde auch jede Spontaneität in uns zerstören. Aber man wird, je mehr man sich persönlich kennenlernt, Wirkungen ahnend erwarten oder auch Wirkungen klug vermeiden können.

Übung

Impressionen ergeben sich im Lauschen auf Musik. Es wäre gut, wenn Sie sich eine Schallplatte vorspielten, auf die Sie unmittelbar ansprechen. Ob das nun klassische oder moderne Musik ist, ob die Schallplatte nun wegen ihrer guten Darbietung oder wegen der lebensgeschichtlichen Bedeutung für Sie Ihnen gefällt, ist unwichtig. Lassen Sie die ausgesuchte Platte laufen.

Sie haben die Platte abgespielt und die Musik angehört. Was ging in Ihnen vor? Welche Reaktionen stellten Sie in sich fest? Freude, Trauer, Besinnlichkeit, Erregung? Was tat sich in Ihnen? Mit welchen Worten würden Sie Ihre seelische Situation anderen schildern? Wenn Sie das geklärt haben, könnten Sie Ihre

„Lieblingsplatte" ein zweites Mal anhören. Sind Sie mehr hingerissen? Mehr distanziert?

In Kurorten wäre es möglich, diese „Übung" auch während des Kurkonzertes zu machen, vorausgesetzt, man kann gänzlich die konkrete Umgebung vergessen, so daß man nicht gestört wird.

Eine andere Weise, solche Impressionen zu sammeln und zu beobachten, wären Gespräche mit Bekannten, Freunden, Menschen der Lebensumgebung. In Kur- oder Urlaubsorten wäre es möglich, einen „Zeitgenossen" anzusprechen – und mit ihm sich auszutauschen. Mancher wird dabei zuerst über seinen Schatten springen müssen, aber das schadet nicht. Menschlicher Kontakt bringt gerade in solchen Situationen Freude und Klarheit.

Sie haben ein Gespräch geführt. Wie würden Sie Ihre Re-aktionen bezeichnen? Vorurteilsfrei, sachlich, unsachlich, heftig, unterkühlt, herzlich, wohlwollend, respektvoll, furchtsam, abhängig, willkürlich? Oder wie würden Sie den Verlauf des Gesprächs bezeichnen? Auf diese Weise kann man nicht nur Eindrücke sammeln; man kann auch lernen, sie zu kontrollieren[14].

15. Glücklichsein ist wie…

Vorbemerkung: Obgleich ihm viele Grundbegriffe seines Denkens und Strebens höchst unklar sind, jagt der Mensch hinter diesen Phantomen her und will sie erreichen. Etwa das Glück. Aber was Glück ist, darüber hat er sich keine Rechenschaft gegeben. Seine Bedingungen sind ihm unbekannt, um die Wurzeln seiner Zerbrechlichkeit will er nicht wissen. So kommt es, daß eine große Unzufriedenheit im Menschen wach wird, weil er sich selbst immer wieder überfordert und das Erreichte ihn enttäuscht. Was kann man tun, um diese Unklarheit und die aus ihr entstehende Resignation zu beseitigen? Wäre es nicht gut, sich einmal über den Begriff „Glück" klar zu werden? Er ist ein wichtiger Begriff; denn mit ihm wird der Mensch heute noch am meisten manipuliert: vom „glücklichen" Urlaub bis zur „glücklichen Wäsche".

Übung

Sie betrachten das Bild nebenan: Das kleine Mädchen, auf den Zehenspitzen stehend, gerade noch, gerade das erste Mal den Türgriff erreichend, ist ein Beispiel für Glücklichsein. Welche Unterschrift würden Sie unter diese köstliche Zeichnung setzen? Glücklichsein ist… Bringen Sie diesen Satz zu Ende.

Sie haben den Satz zu Ende geschrieben. Der Originaltext lautet: „Glücklichsein ist – den Türgriff erreichen." Stimmen Sie damit überein, daß dieses Können, diese Kunst ein Kind recht glücklich machen kann? Mehr glücklich, als es das schönste Geschenk vermag?

Könnten Sie jetzt einmal andere Vergleiche zu „Glücklichsein" so der Reihe nach hinschreiben? Vergleiche, die alle begin-

nen: Glücklichsein ist wie... Werden Sie zehn Vergleiche finden?

Sie haben die Vergleiche geschrieben. Lesen Sie diese nun noch einmal durch. Was sagen sie Ihnen? Kommt ein resigniertes Erlebnisfeld zum Vorschein? Oder frohe Erwartung? Wie ist Ihr seelischer Innenraum getönt? Wie sind Ihre Erwartungen ans „Glück"? Inwieweit spielt Ihnen Ihre bisherige Lebensgeschichte dabei einen Streich? Geben Sie sich Antwort.

Noch einige wichtige Sätze, die Sie sich als Fragen nehmen können, zu denen Sie ja oder nein sagen können. Lesen Sie sich diese „Gesetze des Glücks" einmal langsam vor.

1. Der Mensch kann sich an sein Glück gewöhnen, so daß es ihn dann langweilt (Gesetz der Gewöhnung).

2. Der Mensch erlebt das meiste Glück, wenn Glücksmöglichkeit von innen und Glückserfüllung von außen übereinstimmen (Gesetz der Entsprechung).

3. Der Mensch, der sich um sein Glück mühen mußte, wird glücklicher sein als jener, dem es in den Schoß fiel (Gesetz der Anstrengung).

4. Der Mensch findet oft sein größeres Glück, nachdem er auf das Vergnügen und das kleine Glück verzichtete (Gesetz des Verzichts).

5. Der Mensch wird sein Glück um so tiefer erfahren, je bedrohter er es wußte und noch weiß (Gesetz der Bedrohtheit).

6. Der Mensch erfährt, daß das Glück aus der Erfüllung eines Triebs im gleichen Moment zu Ende ist, da der Trieb erfüllt ist (Gesetz der Sättigung).

7. Der Mensch beraubt sich seines Glücks, wenn er meint, es sei herstellbar, machbar wie eine Sache (Gesetz der Gnadenhaftigkeit).

8. Der Mensch, der um seinen letzten Sinn weiß, hat die Bedingung seines tiefsten Glücks gefunden (Gesetz der Beziehung von Glück und Sinn).

9. Der Mensch, der im Ertragen von Einsamkeit, Schmerz und Angst ungeübt ist, wird dadurch auch unfähig, Glück zu erfahren (Gesetz des Umweges).

10. Der Mensch, der von Leid, Schuld und Angst frei geworden ist, hängt nicht mehr dem Phantom Glück an, sondern hat

sich für das Empfangen des unzerbrechlichen Glücks bereitet (Gesetz der unteilbaren Freiheit).

Sie haben diese „Gesetze des Glücks“ langsam gelesen. Zu wie vielen Sätzen konnten sie „ja“ sagen? Wenn Sie zehnmal „ja“ schreiben konnten, haben Sie viel vom Glück verstanden: Sie sind ein glücklicher Mensch[15].

16. Großes Glück aus kleiner Kunst

Vorbemerkung: Die Perfektion der heutigen Technik verdirbt dem Menschen seinen Willen zu seiner kleinen Kunst. Da er nicht wie Albrecht Dürer oder Salvador Dalí malen kann, läßt er es gleich bleiben, nach dem Bleistift oder Pinsel zu greifen und sich im Malen zu versuchen. Da er doch nicht wie Novalis oder Heinrich Böll dichten oder schreiben kann, läßt er gleich allen Mut sinken und schreibt sein „schlechtes Deutsch" auch weiterhin. Da er sich nicht zum großen Künstler berufen fühlt, überfordert er sich nicht (wie er sich vornimmt) und läßt seine Hände ruhen. Der Mensch aber hat nicht nur Hirn, sondern auch Herz und Hände. Jeder kann sich seine eigene Welt „erschaffen", er muß nur den Wagemut zum Unvollkommenen haben.

Übung

Sie sollten sich je nach Ihren jetzigen Möglichkeiten künstlerisch einmal betätigen. Welche Möglichkeiten gibt es da? Wählen Sie aus den folgenden Möglichkeiten aus.

Schreiben Sie ein Gedicht, ob gereimt oder in freien Rhythmen, ist dabei unwichtig. Das Gedicht kann als Thema haben eine innere Empfindung in diesen Tagen (etwa Glück) oder eine Situation: Waldstimmung, Sonne über den Bergen, Sturm über der See...

Schildern Sie mit präzisen Worten, im Stil einer Reportage oder einer ziselierten Beschreibung, was Sie sehen, erleben, erfahren, wenn Sie etwa durch die Hauptstraße Ihrer Stadt, Ihres Kurortes gehen. Was tut sich dort?

Zeichnen Sie aus dem Gedächtnis das alte Schloß, die Kirche oder ein sonstiges sehenswertes Bauwerk ihres Ortes (Sie können auch nach einer fotografischen Vorlage zeichnen). Sie können auch einen modernen Stil wagen, etwa wie L. Feininger.

Malen Sie mit Buntstift oder mit Ölkreide ein Stilleben: Vase mit Blumen, Buch und Schale – beides bei einem guten Lichteinfall. Skizzieren Sie mit schwarzer Tusche Ihre Hand. Versuchen Sie ein Selbstporträt.

Fertigen Sie aus den Bildern und Überschriften einer Illustrierten eine „Collage". Sie schneiden die Bilder aus, geben ihnen neue Unterschriften und bauen damit prägnante, werbekräftige Aussagen zusammen. Leitthema: Der Mensch geht in der modernen Welt unter, oder: Roboter und Maschinen, oder: Kreuzweg der Kinder...

Alle diese „Übungen" sind mit Papier, Bleistift, Klebstoff, Malstiften, Ölkreide und Schere zu leisten. Ein Radiergummi ist gewiß auch notwendig. Doch der finanzielle Aufwand scheint gering.

Es gibt natürlich auch „teurere" Künste – etwa mit Ölfarbe auf Leinwand malen, emaillieren, Ton formen und brennen, Linoleum schneiden und dann Linolschnitte anfertigen, batiken, knüpfen usw. Aber das ist Ihnen vielleicht in Ihrer jetzigen Lebenssituation nicht möglich.

Bei diesen Übungen kommt es nicht auf das große Kunstwerk an, sondern auf Ihre Erfahrung: Ich habe Phantasie, habe Hände zum Schaffen, beherrsche eine kleine Kunst, die großes Glück bringt. Haben Sie dies erfahren? [16]

17. Was heißt: Ich spiele?

Vorbemerkung: Die tiefe Hintergründigkeit der Welt geht vielen Menschen verloren. Nicht nur die Hintergründigkeit, sondern ihre „Offenheit". Die Welt und der Mensch in ihr sind keine geschlossenen Systeme. Immer weisen sie über sich hinaus, werden die Menschen über sich hinausgeführt, hinausgerissen. Man spricht vom Überstieg, von „Transzendenz".

Solche Erfahrungen des Überstiegs wären zu machen in Freude und Liebe, in Glück und Spiel, in Schuld und Ehrfurcht, in Staunen und Ergriffenheit. Einübung in diese „Wirklichkeiten" geschah bereits früher in dieser „Therapie der Langeweile". Jetzt soll durch einen Text, der in das Geheimnis einführt, diese Erfahrung vertieft werden. Geheimnis ist ja nicht Mangel an Wirklichkeit (das bezeichneten wir als ein Rätsel), sondern Fülle an Wirklichkeit.

Übung

Lesen Sie langsam den „mystagogischen Text" durch, also einen Text, der in das Geheimnis einführt. Halten Sie immer wieder im Lesen inne, wenn Sie ein Gedanke besonders bewegt, und bedenken Sie die Sätze, ob Sie ihnen in den oft kleinen Gedankenschritten auch folgen können. Beginnen Sie zu lesen.

Ich spiele

I. Ich spiele. Heiter und gelöst vollziehe ich jene Regeln, unterwerfe ich mich jenen Maßstäben, die in der Welt des Spiels gelten. Es sind Maßstäbe einer anderen Welt: die dritte Runde, der zweite Akt, der fünfte Kuß – und nicht: 11.50 Uhr am 25. 5. 1972.

II. Was suche ich im Spiel? Leistung? Erfolg? Oder Glück?

Freude? Sinn? „Die Intention des Spiels ist Freude" (P. L. Berger); denn ein Spiel, das keinen Spaß macht, das im Gegenteil in Leid umschlägt oder zur Routine entartet, beende ich, möchte ich nicht mehr Spiel nennen.

III. Im Spiel verfliegt die Zeit – oder: Im Spiel bleibt die Zeit stehen, wie ich empfinde. Das Spiel läuft nach einer anderen „Uhr" ab, nicht nach der Zeit, sondern nach der Ewigkeit. Bei der Lust des Spiels wechsle ich in die Ewigkeit hinüber; denn „jede Lust will Ewigkeit – will tiefe, tiefe Ewigkeit" (Nietzsche). Freudiges, lustvolles Spiel scheint die Wirklichkeit – in ihrer Hinfälligkeit zum Tod – außer Kraft zu setzen; mindestens auszuklammern; deshalb schenkt es Befreiung und Frieden.

IV. Spiel der Erwachsenen ist Heimkehr in die Kindheit, wo es bei der Selbstvergessenheit des kindlichen Spiels keine Zeit, kein Ende, kein Leid, keinen Tod gibt. Ist dies nur eine gnädige Täuschung, um mich von der Realität des harten Alltags zu entlasten?

V. Ist der Mensch, bin ich in meinem Wesen ein spielender Mensch, dann erfahre ich in der Freude, in dieser Lust, in dieser Zeitlosigkeit einen Überstieg in eine andere Ordnung: Ich transzendiere mich und meine Welt (und zwar wesenhaft). Der Glaube an eine letzte Aufgehobenheit in einem göttlichen Plan (oder gar „Spiel") erlaubt es mir, trotz der Absurdität des Lebens zu spielen.

VI. „Das wahre Spiel und die endlose Fröhlichkeit beginnt erst jenseits der Erde", schreibt Hugo Rahner in „Der spielende Mensch". Im Spiel vollziehe ich also eine Erwartung und feiere ich eine Verheißung, die später eingelöst werden. Spiel ist für mich ein „Signal der Transzendenz" (P. L. Berger). Der Glaube aber bestätigt mir die im Spiel durchscheinende göttliche Ordnung.

Haben Sie den Text gelesen und gebilligt? Haben Sie Ihre Spielerfahrung in ihm wiedergefunden? Sich selbst als „spielenden Menschen" verstanden und angenommen?

Darf ich Sie einladen, einen ähnlichen Text zu schreiben zum Thema: Ich staune . . . oder: Ich liebe . . . oder: Ich fürchte mich . . . Versuchen Sie es einmal[17].

18. Meditation des 22. Psalms

Vorbemerkung: Die Psalmen enthalten die Gebetserfahrungen von Menschen, die von uns einige Jahrtausende entfernt sind. Diese Gläubigen aus dem Volke Israel lebten in anderen sozialen Umständen, in einer anderen Welt, verglichen mit der unseren. Trotzdem sind ihre Erfahrungen nicht „von gestern". Furcht, Leid, Schmerz, Enttäuschung, Hoffnung, Glaube waren damals genauso zu bestehen wie heute. Wie wurde der damalige Mensch mit der Hoffnungslosigkeit fertig? Wie äußert sich sein abgrundtiefes Vertrauen? Jener Mensch, der über sich Jahwe, den Gott des Bundes, wußte? Dieser Gott war eine Verheißung, ein Unterpfand letzten Sinnes, eine endgültige Zuflucht vor aller existentieller Bedrängnis, die Antwort auf alle Fragen und auf jede Hinterfragung.

Weil die allgemeine Lebenssituation des Menschen in den Psalmen so echt zum Durchbruch kommt, kann auch der Mensch von heute aus ihnen lernen.

Übung

Sie lesen den Psalm, jeweils Vers um Vers, und greifen für die Ermunterung Ihrer Besinnlichkeit die Zwischentexte auf. Lassen Sie sich Zeit.

> „Der Herr ist mein Hirt, nichts kann mir fehlen;
> Er läßt mich rasten auf grüner Au."

Gott (Jahwe) ist für den Beter ein Hirt, der sich um ihn kümmert; der immer um guten Platz sich Sorge macht. Widerspricht diese Vorstellung Ihrer Lebens- und Gotteserfahrung? Gott kein Hirt, sondern ein Gegner, ein Feind, nachlässig, widerlich?

„Er führt mich zur Ruh an lebendige Wasser,
gewährt meiner Seele Erquickung."

Gott macht alles gut. Lebendiges Wasser am Bach gegen das brackige Wasser aus Wasserlachen: Bild der Erquickung der Seele, d.h. Freude, Trost, Seligkeit. Läßt sich diese Erfahrung bestätigen?

„Auf rechten Wegen leitet Er mich,
um Seines Namens willen."

Gute Wege führt er, weil sein Name heißt: Jahwe = Gott ist da für mich; weil sein Name heißt: Jesus = Gott ist Heil, Gott hilft, Gott ist ein helfender Gott. Sollte ich ihn nicht an seinen Namen erinnern, wenn ich Wege suche, Irrwege ging, Holzwege zurückwandern muß? Der rechte Weg!

„Und müßte ich gehn in dunkler Schlucht,
ich fürchte kein Unheil: Du bist bei mir."

Dunkelheit (der Schuld, der Wahrheitssuche, der verratenen Liebe, des unverschuldeten Unglücks, des Leids, der Krankheit, des nahenden Todes) hat jeder zu bestehen. Wie tröstlich: Er ist da – und deshalb kann das Bedrohliche kein letztes Unheil sein.

„Dein Stock und Dein Stab
sie geben mir Zuversicht."

Stock und Stab des Hirten wehren dem Bösen, der die Herde gefährdet und verunsichert; bringen Gewißheit, daß Gott dabei ist – mit auf der Reise. Auch in meinem Leben mit dabei? Wo liegen für mich die Gewißheiten?

„Den Tisch bereitest Du mir
ins Angesicht denen, die mich bedrängen."

Trotz der Feinde, mit denen man sich immer wieder auseinandersetzen muß, richtet die Nähe Gottes auf, der einlädt an seine Tafel.

„Du salbest mit Öl mein Haupt,
und übervoll ist mein Becher."

Öl meint Freude, der volle Becher reiches Glück. Reichtum als Schutz gegen die Feinde, gegen die Bedrohung. Ein Gott, der

Freude und Reichtum gibt. Kein neidischer Gott, vor dem ich um mein Glück fürchten muß!

„Die Huld und die Gnade gehen mir nach
durch all meines Lebens Tage,
und wohnen darf ich im Hause des Herrn
durch lange und lange Zeit."

Mancher fühlt sich von Leid verfolgt. Hier folgt dem Gläubigen Huld und Gnade. Er weiß auch, wohin er gehört: ins Haus Gottes, in die endgültige Herberge des Herrn. Kontrastbild: „Bald wird es schneien, weh dem, der keine Heimat hat" (Nietzsche).

Sind Sie den Psalm Vers nach Vers durchgegangen, nachdenklich, betend, besinnlich, innerlich mit sich (und Gott) diskutierend? Wie auch immer Sie bis ans Ende kamen, Sie sollten den Text noch einmal langsam und laut sich selbst vorlesen[18].

19. Noah und die Taube

Bildbetrachtung

Vorbemerkung: Es gibt Grunderfahrungen des Menschen, die in einmaligen Texten und – auf ihnen beruhend – in einmaligen Bildern dargestellt sind. Dann geht es nicht mehr um diesen Menschen an diesem Ort und zu dieser Zeit, sondern um den Menschen schlechthin. Exemplarische Situation.

Je mehr man sich nun mit diesen exemplarischen Situationen auseinandersetzt, um so mehr erkennt man sich selbst; um so mehr übt man sich selbst ein, in vergleichbaren Situationen zu bestehen. Besonders gut eignen sich für solche Einübungen Bildbetrachtungen. In ihnen wird die Phantasie angesprochen und gerät der innere, schauende Mensch in Bewegung. Eine solche Bildbetrachtung über das Thema: Hoffnung soll jetzt vollzogen werden.

Übung

Sie betrachten lange und intensiv das Bild von Gerhard Marcks: Noah empfängt die Taube – und Sie erinnern sich dabei an den Bericht aus der Bibel: die Situation der verderbten Menschheit, der Auftrag Gottes an Noah, der Bau der Arche, der große Regen, die Rettung, die lange Zeit des Wartens – und endlich die Taube mit einem Ölzweig: Bote der Hoffnung, irgendwo ist grünendes Land. Vielleicht wollen Sie den Text sogar nachlesen. Sie finden ihn: Genesis 5,28 – 9,29.

Nun beginnen Sie noch einmal das Bild zu betrachten: Detail um Detail.

Die Wasser – an der Seite; der dunkle Himmel, Abend. Situation der Hoffnungslosigkeit, des Ausgeliefertseins. Auf dem Wasser das Schiff, die Arche. Von ihr ist nur wenig zu sehen. Ist es nicht manchmal auch so mit meinem Lebensschiff? Schier verloren auf dem Ozean der Zeit?

Gerhard Marcks, „Noah empfängt die Taube“.
Aus Graphik zur Bibel,
Christophorus Verlag, Freiburg – Verlag Ernst Kaufmann, Lahr.

Noah: sein Mund, seine Stirn, sein Auge, sein Blick (insgesamt seine aufgerichtete Gestalt). Keine überbordende Freude, aber vertrauensvolle Sicherheit, abgründige Ergriffenheit, zu groß, daß sie sich heftig äußert. Antlitz der erfüllten, seligen Hoffnung. Bin ich Noah?

Die Taube. Nachdem der Rabe und die erste Taube ohne Zeichen heimkehrten, heißt es dann in der Bibel: „Die Taube flog gegen Abend zu ihm zurück, aber sie trug einen frischen Ölzweig in ihrem Schnabel. Noah wußte nun, daß das Wasser auf der Erde gesunken war“ (Genesis 8,11). Erfüllung!

Die Hand, Geste des Empfangens, des Hinweises, der Bestätigung: Sieh doch, ich kann mich an Gott halten.

Was sehen Sie noch (was nur Sie aufgrund ihrer Lebensgeschichte sehen können)? Wo sind Sie in Ihrem Leben Noah? Auf welche Botschaft warten Sie? Verheißung oder Erfüllung? Von wem? [19]

20. Antwort an Gott

Vorbemerkung: Langeweile entsteht dort, wo ein letzter Sinn mangelt, wo der Mensch wohl in äußerer Hektik dahinarbeitet, aber kaum um ein Weshalb, Wozu und Warum weiß. Wo die Hoffnung auf den Sinn wächst, sinkt die Langeweile, sinken gleichsam die Wasser – wie bei Noah –, und es bringt eine Taube den Ölzweig der Verheißung letzten Aufgehobenseins.

Aus dieser Erfahrung heraus, in einem Sinn geborgen zu sein, entsteht der Drang zu reden, anzureden jenen, der den gültigen Sinn gibt: Gott.

Im Gebet vollzieht sich eine solche Antwort. Im Gebet artikuliert sich die Übergabe des Glaubens. Im Gebet fließt aber auch ein befreiender Sinn in das Herz des Menschen ein, der Freude mit sich bringt.

Nun hat es so seine Schwierigkeit mit den Gebeten fremder Menschen. Wenn man sie betet, kommt man sich in ihnen vor wie David in der Rüstung Goliaths. Man stolpert und stürzt, man fühlt sich eben überfordert. Man legt schnell die Rüstung der bombastischen Worte ab und wählt (vergleichbar der Steinschleuder Davids) das eigene, kleine, schier nichtssagende Wort an Gott. In ihm entdeckt man sich und seine Situation.

Wenn hier dennoch einige Gebete großer Christen geboten werden, dann nur als Anregung. Sie eröffnen Möglichkeiten. Der eine versucht sie nachzubeten (allerdings sehr bewußt), ein anderer läßt sich von ihnen zum eigenen Wort inspirieren, ein dritter verstummt angesichts solcher Großmut Gott gegenüber. Und was machen Sie?

Übung

Wählen Sie eines aus den unten zitierten Gebeten aus, lesen Sie es sich ruhig und laut vor, versuchen Sie mit dem Anspruch des

Gebets einig zu werden, auch im Bewußtsein, daß es einen Adressaten hat.

Augustinus (354–430)

Du selber reizest an, daß Dich zu preisen Freude ist; denn geschaffen hast Du uns zu Dir, und ruhelos ist unser Herz, bis daß es Ruhe hat in Dir.

Theresia von Ávila (1515–1582)

Nichts soll dich ängstigen,
nichts dich erschrecken!
Alles vergeht.
Gott allein bleibt derselbe.
Geduld erreicht alles.
Wer Gott besitzt, dem kann nichts fehlen.
Gott allein genügt.

Ignatius von Loyola (1491–1556)

Ewiges Wort, eingeborener Sohn Gottes!
Lehre mich die wahre Großmut.
Lehre mich dir dienen, wie du es verdienst:
Geben, ohne zu zählen,
kämpfen, ohne der Wunden zu achten,
arbeiten, ohne Ruhe zu suchen,
mich hingeben, ohne Lohn zu erwarten.
Mir genüge das frohe Wissen,
deinen heiligen Willen erfüllt zu haben.

Dietrich Bonhoeffer (1906–1945)

Von guten Mächten wunderbar geborgen,
erwarten wir getrost, was kommen mag.
Gott ist mit uns am Abend und am Morgen
und ganz gewiß an jedem neuen Tag.

Karl Rahner (geb. 1904)

Gott, ewiges Geheimnis unseres Daseins, Du hast uns befreit, indem Deine eigene Unermeßlichkeit die grenzenlose Weite unseres Lebens geworden ist. Du hast uns geborgen, indem Du uns alles außer Deiner eigenen Grenzenlosigkeit zu Vorläufigkeiten gemacht hast. Du hast uns unmittelbar zu Dir gemacht, indem Du uns alle Götzen immer wieder zerstörst in uns und um uns herum, die wir anbeten wollen, an denen wir aber dann selbst versteinern. Weil Du allein unser endloses Ende bist, darum haben wir eine unendliche Bewegung der Hoffnung vor uns. Wenn wir wirklich und ganz an Dich glaubten als an den, der sich uns gegeben hat, dann wären wir wirklich frei. Du hast uns diesen Sieg verheißen, weil Jesus von Nazareth ihn im Tod errungen hat für sich und seine Brüder, indem er auch im Tod der Verlassenheit nochmals Dich als Vater fand. In ihm, Jesus von Nazareth, dem Gekreuzigten und Auferstandenen, sind wir gewiß, daß weder Ideen noch Mächte und Gewalten, weder die Last der Tradition noch die Utopie unserer Zukünfte, weder die Götter der Vernunft noch die Götter unserer eigenen Abgründe, noch überhaupt etwas in uns und um uns uns trennen wird von *der* Liebe, in der der unsagbare Gott in seiner alles umfassenden Freiheit sich selbst uns gegeben hat in Christus Jesus unserem Herrn.

Sie haben eines der Gebete gesprochen und es sich dabei zu eigen gemacht. Von dieser letzten Sinnerfahrung her läßt sich die Sinnlosigkeit der Langeweile endgültig aus der Angel heben. Ist es Ihnen gelungen?

Von dieser befreienden Erfahrung wäre noch der Weg zur gemeinschaftlichen Feier dieses letzten Sinnes – im Kult – zu gehen. Aber dieser Weg fällt dem leichter, der bis an diesen Punkt gekommen ist. Man wird immer wieder neu zu einer tieferen und menschlicheren (und darin auch gemeinschaftlichen) Erfahrung des Sinns unterwegs sein. Auch zum Bekenntnis des Sinnes vor anderen, die noch an den „Unsinn“ glauben und unter der Sinnlosigkeit leiden. Menschsein heißt: voreinander bezeugen, daß man – getragen von einem unzerstörbaren Sinn – unterwegs ist[20].

Anmerkungen

Vorwort

Das Zitat von L. Wittgenstein ist entnommen aus: Tractatus logico-philosophicus / Tagebücher 1914–1916 / Philosophische Untersuchungen. Frankfurt 1963, 167. – Ein ausführliches Literaturverzeichnis zum Thema ist enthalten in: R. Bleistein (Hrsg.), Tourismuspastoral. Würzburg 1973.

I. PROBLEME UND SACHEN

1. Das verdrängte Gemüt

[1] M. Frisch, Tagebuch 1966–1971. Frankfurt 1972, 38.
[2] A. Delp, Im Angesicht des Todes. Freiburg 1958, 96.
[3] W. Thiele, Die Langeweile, das Nichts und die Neurose: Materia Medica Nordmark XVIII/1 (1966) 17–24.
[4] H. Friedmann, Das Gemüt. Gedanken zu einer Thymologie. München 1956, 2.

2. Freiheit und Freizeit

[1] J. Pieper, Zustimmung zur Welt. München 1963; J. Huizinga, Homo ludens. Wien 1949; F. J. J. Buytendijk, Das Menschliche. Stuttgart 1958, 208 ff.; ders., Wesen und Sinn des Spiels. Berlin 1934; O. F. Bollnow, Das Wesen der Stimmungen. Frankfurt 1941, 108 ff.; A. Portmann, Entläßt die Natur den Menschen? München 1970, 230–232; H. Plessner, Philosophische Anthropologie. Frankfurt 1970, 85 ff.; A. Brunner, Die Religion. Freiburg 1956, 227–250; A. Gehlen, Die Seele im technischen Zeitalter. Reinbek 1963, 64 ff.; M. Eliade, Das Heilige und das Profane. Reinbek 1957.
[2] H. Cox, Das Fest der Narren. München ²1970, 38–39.
[3] J. Pieper, Zustimmung zur Welt, a. a. O. 52, 56.
[4] J. Pieper, Muße und Kult. München 1948, 77.
[5] K. Kerényi, Vom Wesen des Festes: Paideuma I. Leipzig 1938; ders., Die antiken Religionen. Amsterdam 1940; J. A. Jungmann, Das kirchliche Fest nach Idee und Grenze: Th. Filthaut / J. A. Jungmann (Hrsg.), Verkündigung und Glaube. Freiburg 1958, 164–184; J. A. Jungmann, Der Gottesdienst in der Kirche. Innsbruck ²1957; M. Eliade, Die Religionen und das Heilige. Salzburg 1954.
[6] M. Heidegger, Was ist Metaphysik? Bonn 1931, 14.
[7] W. Rehm, Experimentum medietatis. München 1947, 96–183.
[8] Ph. Lersch, Aufbau der Person. München ⁷1956, 197; A. Wellek, Die Polarität

im Aufbau des Charakters. Bern 1950, 68, 230; O. F. Bollnow, Das Wesen der Stimmungen, a. a. O. 122 ff.; W. J. Revers, Die Langeweile. Jahrbuch für Psychologie und Psychotherapie. Freiburg 1956, 161; ders., Die Psychologie der Langeweile. Meisenheim am Glan 1949, 44; B. Hübner, Die Langeweile. Freiburg 1962 (Diss.); A. Gehlen, Das gestörte Zeitbewußtsein: Merkur 17 (1963) 313–321.
[9] A. Gehlen, a. a. O. 319, 320.
[10] M. Rychner, Der Roman im 19. Jahrhundert: G. Mann (Hrsg.), Propyläen Weltgeschichte VIII. Berlin 1960, 349.
[11] A. Schopenhauer, Sämtliche Werke VII/VIII. Parerga und Paralipomena. Psychologische Bemerkungen Nr. 358 und 359. Berlin o. J. 559.
[12] H. M. Enzensberger, Eine Theorie des Tourismus: Einzelheiten I. Frankfurt [6]1969, 199, 203, 205.
[13] Fr. A. Wagner, Die Urlaubswelt von morgen. Düsseldorf 1970, 49.
[14] R. Caillois, L'homme et le sacré. Paris [3]1950, 8.
[15] Fr. Sieburg, Die Lust am Untergang, Reinbek 1961, vor allem 85 ff.: Die Langeweile als Lebensstil.
[16] B. Brecht, Gesammelte Werke II. Frankfurt 1967, 561.

3. Freizeit – Persönlichkeit

[1] J. Habermas, Soziologische Notizen zum Verhältnis von Arbeit und Freizeit: H. Giesecke (Hrsg.), Freizeit- und Konsumerziehung. Göttingen [2]1971, 106.
[2] P. Rieger (Hrsg.), Freizeittourismus. München 1970, 88; K. Rahner/H. Vorgrimler, Kleines Konzilskompendium. Freiburg [8]1972, 507, 514, 522.
[3] F. Weltz (Hrsg.), Jugend im Sozialisierungsprozeß. Tabellenband. München 1967, Tabelle VII / 22, 27.
[4] J. Habermas, a. a. O. 112.
[5] V. Graf Blücher, Das Freizeitproblem und seine praktische Bedeutung: H. Giesecke, a. a. O. 77.
[6] H. Gollwitzer, Krummes Holz – aufrechter Gang. Zur Frage nach dem Sinn des Lebens. München [4]1971.
[7] J. Moltmann, Mensch. Stuttgart 1971, 11–37.
[8] K. Rahner, Theologische Bemerkungen zum Problem der Freizeit: Schriften zur Theologie IV. Einsiedeln [5]1967, 469. Über das Verhältnis zwischen „Muse" und „Muße" müßte natürlich noch ausführlich gesprochen werden; das ist hier unmöglich.
[9] H. Lüdtke, Freizeit in der Industriegesellschaft. Opladen 1972, 23.
[10] 100 Tips für Freizeitspaß. Hrsg. im Auftrag des Bundesministeriums für Jugend, Familie und Gesundheit und der Bundeszentrale für gesundheitliche Aufklärung.
[11] V. E. Frankl, Psychotherapie für Laien. Freiburg 1971, 177.
[12] R. Bleistein, Mystagogie in den Glauben: Katechetische Blätter 1973, 30–43.
[13] K. Jaspers, Die geistige Situation der Zeit. Berlin–Leipzig 1933, 189.
[14] E. Bloch, Naturrecht und menschliche Würde. Frankfurt 1972, 14.
[15] Zeitschrift Synode 1–72–27.
[16] D. Hanhart, Arbeiter in der Freizeit. Bern 1964, 223 ff.; V. Graf Blücher, Die Generation der Unbefangenen. Düsseldorf 1966, 250 ff.
[17] Graf Blücher, ebd. 251.
[18] H. Lüdtke, a. a. O. 47–51; Zitat auf Seite 50.
[19] N. Hinske, Glück und Enttäuschung: H. Kundler (Hrsg.), Anatomie des Glücks. Köln 1971, 229.

[1] S. Dalí, Meine Leidenschaften. Gütersloh 1969, 136–137.

[2] Vgl. dazu J. W. Revers, Die Psychologie der Langeweile. Meisenheim 1949, 13–19; J. Pieper, Muße und Kult. München 1948, 48; Fr. Wulf, Trägheit: LThK X. Freiburg 1965, 302–303.

[3] Vgl. W. Lepenies, Melancholie und Gesellschaft. Frankfurt 1972.

[4] Ebenso Pensées 68, 139: B. Pascal, Über die Religion (hrsg. von E. Wasmuth). Heidelberg 1954.

[5] S. Kierkegaard, Entweder–Oder. Köln 1960, 332.

[6] Ebd. 336.

[7] W. Lepenies, a. a. O. 119.

[8] S. Kierkegaard, Die Krankheit zum Tod – Furcht und Zittern – Die Wiederholung – Der Begriff der Angst. Köln 1956, 603–604.

[9] Ebd. 590–595.

[10] A. Schopenhauer, Sämtliche Werke. 7. und 8. Band (hrsg. von M. Frischeisen-Köhler) Berlin o. J.: Psychologische Bemerkungen 559.

[11] A. Schopenhauer, a. a. O. Bd. 2: Welt als Wille und Vorstellung II, 335.

[12] Ebd. 199.

[13] A. Schopenhauer, a. a. O. Bd. 5: Aphorismen zur Lebensweisheit, 319.

[14] A. Schopenhauer, a. a. O. Bd. 7/8: Nachträge zur Lehre von der Nichtigkeit des Daseins, 265.

[15] M. Heidegger, Was ist Metaphysik? Frankfurt 1943, 11; erste Auflage 1929.

[16] W. Lepenies, a. a. O. 230.

[17] A. Gehlen, Das gestörte Zeitbewußtsein: Merkur 17 (1963) 319.

[18] Ebd. 320.

[19] Ebd. 320.

[20] W. Lepenies, a. a. O. 239.

[21] S. Kierkegaard, Entweder–Oder, a. a. O. 750.

[22] W. Thiele, Die Langeweile, das Nichts und die Neurose, a. a. O. 24.

[23] O. F. Bollnow, Das Wesen der Stimmungen. Frankfurt 1941, 18, 34, 122.

[24] J. W. Revers, a. a. O. 40.

[25] A. Winterstein, Angst vor dem Neuen, Neugier und Langeweile: Die psychoanalytische Bewegung II (1930) 550; vgl. auch: A. Hoche, Langeweile: Psychologische Forschung III (1923) 258–271.

[26] J. W. Revers, a. a. O. 48.

[27] Ebd. 44.

[28] Vgl. dazu J. Pieper, Muße und Kult. München 1964; Glück und Kontemplation. München 1957; Zustimmung zur Welt. München 1963.

[29] Zu dieser Unterscheidung vgl. J. W. Revers, a. a. O. 61–68.

[30] O. Weininger, Das Zeitproblem, zitiert bei A. Winterstein, a. a. O. 532.

[31] B. Hübner, Die Langeweile. Freiburg 1962 (Diss.) 55.

[32] W. Frieling geht in „Die menschliche Problematik im Kuraufenthalt“ (Evangelische Akademie Bad Boll, Materialdienst Nr. 5/1972, 4–6) auf den „Kurschatten“ ein, setzt ihn in Beziehung zur Einsamkeit und bewertet ihn – auch aus psychologischen Gründen – nachsichtig und verständnisvoll.

[33] Anregungen in dieser Hinsicht will gerade der Teil II: Situationen und Weisungen vermitteln.

[34] H. Fleckenstein, Gesundheit und Wiedergesundung – Geschenk und Aufgabe: Heilbad und Kurort 15 (1963) 329–333.

[35] K. Girgensohn, Der seelische Aufbau des religiösen Gedankens. Gütersloh ^{2}1930; W. Gruehn, Frömmigkeit der Gegenwart. Münster 1965.

[36] Vgl. O. Lang, Psychologische Aspekte der Umwelt und ihr Einfluß auf Urlaub und Erholung: Ärztliche Praxis 18 (1966) 71–72.
[37] Mit diesem Ziel dieser Ausführungen stimmen die „Grundsätze für eine zeitgemäße Behandlung in den Heilbädern und Kurorten" (herausgegeben vom Deutschen Bäderverband, Bonn 1969) trefflich überein, so in der Betonung der Muße, der Wiederherstellung eines „stabileren Lebensgleichgewichts", im Blick auf den „Verlust der Ruhefähigkeit", in der Bewertung der „inneren Ruhe des Menschen" usw.

5. Tourismus: Auftrag und Chance der Kirchen

[1] Vgl. dazu den Berichtband: J. Arrighi, Les valeurs spirituelles du tourisme. Rom 1967.
[2] H. Jaeger, Entwicklung und Umfang des Tourismus: P. Rieger (Hrsg.), Freizeittourismus (Bericht von einer Konferenz des Weltkirchenrats in der Evangelischen Akademie Tutzing im Herbst 1969). München 1970, 16ff.
[3] W. Sauer, Prognosen über die Entwicklung des Tourismus. Starnberg 1972, 8–17; vgl. auch: Tourismus 1980. Fremdenverkehr zwischen gestern und morgen. Bericht über eine Tagung der Evang. Akademie Loccum und des Studienkreises für Tourismus vom 2.–4. Februar 1968 in Loccum. Starnberg 1968.
[4] Studienkreis für Tourismus: Urlaubsreisen 1970. Starnberg 1971 (Ms.), 4.
[5] Ebd. 4.
[6] H. J. Knebel, Soziologische Strukturwandlungen im modernen Tourismus. Stuttgart 1960, 44.
[7] H. M. Enzensberger, Eine Theorie des Tourismus: Einzelheiten I, a.a.O. 196.
[8] E. Bloch, Das Prinzip Hoffnung. Frankfurt 1959, 1062.
[9] Allgemeines Direktorium für die Touristenseelsorge. Trier 1970, 39.
[10] Durch die „action 365" (Leppich-Kreise) wurden in den letzten Jahren ca. 100000 dreisprachige Bibeln (Markus-Evangelium mit kurzem Kommentar) in den Hotels der Bundesrepublik aufgelegt.
[11] Diese Gebetbücher für den Urlauber („Glückliche Reise", „Ferien mit Gott", „Beten unterwegs", „Christ unterwegs") setzen einen innerlichen, religiös aufgeschlossenen Menschen voraus und werden die Masse der Touristen kaum interessieren. Es sei ausdrücklich auf die ausgezeichneten Texte der Evangelischen Kirche hingewiesen: „Für jeden freien Tag".
[12] Der Bericht (hrsg. vom Studienkreis für Tourismus, Starnberg 1969) über die Tagung macht dreierlei deutlich: 1. Die psychologische Tourismusforschung steht noch in ihren ersten Anfängen. 2. Nur ein Motivkomplex, in den u.U. auch Hemmungen als Gegenmotive eingehen, erklärt hinreichend die konkrete Urlaubsreise. 3. Es besteht ein schichtenspezifischer Strukturzusammenhang (nach H. Kentler) zwischen Urlaub und Alltag.
[13] DIVO: Die Reise im Vorstellungsbild und in den Erwartungen des Touristen. Frankfurt 1962, 5–7.
[14] Ebd. 33–36.
[15] Studienkreis für Tourismus, Urlaubsreisen 1970, a.a.O. 5; für 1968: Motive – Meinungen – Verhaltensweisen, a.a.O. 124.
[16] A. Koch, Der Urlaubsreiseverkehr. Eine Untersuchung über das Konsumverhalten der Erholungsreisenden 1958: Jahrbuch für Fremdenverkehr VII. München 1959, 50.
[17] DIVO, Urlaub und Reise. Frankfurt 1963, 9–10.
[18] H. Kentler u.a., Jugend und Urlaub II. München 1965, 12.

[19] J. Habermas, Notizen zum Mißverhältnis von Kultur und Konsum: Merkur 10 (1956) 225.
[20] Vgl. auch O. von Nell-Breuning, Arbeit und Muße: Stimmen der Zeit 82 (1956/57) 99.
[21] DIVO, Urlaub und Reise, a.a.O. 30.
[22] E. Bloch, a.a.O. 430.
[23] Die „Camping-Mission" setzte 1963 etwa 1000 Jugendliche beiderlei Geschlechts zwischen 25 und 30 Jahren in Gruppen in Frankreich ein. Aufgabe der im Camping-Lager wohnenden Jugendlichen ist: durch ihr Verhalten und ihren Kontakt verschiedenster Art (Tanzabende, Filmvorführungen, Diskussionen) Zeugnis zu geben und den Dialog zu suchen.
[24] Einen ausführlichen Bericht über Apostolatserfahrungen in Ferien- und Kurorten gibt G. Arrighi in seinem Buch: Christus unter den Fernstehenden (Wien 1962). Neuere Berichte von K. Boemer, A. Klein u.a. in: R. Bleistein (Hrsg.), Tourismuspastoral. Situationen – Probleme – Modelle. Würzburg 1973. In diesem Buch befinden sich auch Selbstdarstellungen der in der Tourismusseelsorge tätigen katholischen Organisationen und viele Berichte über Modelle in der Kur- und Urlauberseelsorge.
[25] So konnten – lt. Bericht einer evang. Landeskirche – manche evangelische Geistliche in der Touristenseelsorge nicht eingesetzt werden, weil sie mit ihren Familien in Urlaub fahren wollten.
[26] Über die „Katholische Arbeitsgemeinschaft Urlauberseelsorge" wird von Prälat Willy Bokler in: R. Bleistein (Hrsg.), Tourismuspastoral ausführlich berichtet.
[27] Die Gästebriefe (z.B. von den Erzdiözesen München/Freising und Freiburg, von den Diözesen Augsburg, Würzburg usw.) sind graphisch gut gestaltet und auch im Text ansprechend abgefaßt. Sie finden immer ein gutes Echo bei den Touristen und Kurgästen.
[28] Die Bayerische evangelische Landeskirche wandte 1964 für die Kurseelsorge DM 40335 auf. Inzwischen ist auch das Engagement der Kath. Kirche Deutschlands angewachsen, wie die Beschlüsse der Deutschen Bischofskonferenz im Herbst 1972 beweisen.
[29] E. K. Scheuch, Soziologie der Freizeit: R. König (Hrsg.), Handbuch der Empirischen Sozialforschung II. Stuttgart 1969, 808; vgl. auch P. Gleichmann, Zur Soziologie des Fremdenverkehrs: in: Wissenschaftliche Aspekte des Fremdenverkehrs. Hannover 1969, 55–78; E. K. Scheuch / R. Meyersohn (Hrsg.), Soziologie der Freizeit. Köln 1972.

6. Marginalien zu einer Freizeitpädagogik

[1] W. Hornstein, Jugend in ihrer Zeit. Hamburg 1966.
[2] W. Nahrstedt, Die Entstehung der Freizeit. Göttingen 1972, 291.
[3] Viggo Graf Blücher, Freizeit in der industriellen Gesellschaft. Stuttgart 1956; Jugend, Bildung, Freizeit. Bielefeld 1966.
[4] H. Giesecke, A. Keil, U. Perl, Pädagogik des Jugendreisens. München 1967, 74ff.; H. Kentler, Th. Leithäuser, H. Lessing: Jugend im Urlaub I und II. Weinheim 1969.
[5] H. Schelsky, Das Problem des Nonkonformismus bei David Riesman: Randzonen menschlichen Verhaltens (Festschrift für Prof. Bürger-Prinz) Stuttgart 1962, 37ff.
[6] D. Riesman, Die einsame Masse. Reinbek 1958; ders., Wohlstand wofür? Frankfurt 1966.

[7] H. Schelsky, a.a.O. 47.
[8] H. Schelsky, a.a.O. 50.
[9] R. Bleistein, Antiautoritäre Erziehung: Herkunft eines Schlagwortes: Stimmen der Zeit 96 (1971) 178–190; ders., Antiautoritäre oder freiheitliche Erziehung?: Stimmen der Zeit 96 (1971) 391–406.
[10] R. Bleistein, Sexualerziehung zwischen Tabu und Ideologie. Würzburg ²1972.
[11] R. Bleistein, Die Krise der Autorität als pädagogisches Problem: Stimmen der Zeit 97 (1972) 402–414.
[12] Gerade die Fähigkeit zum Verzicht, die heute so schnell als „unmenschlich" abgetan wird, fordert Tobias Brocher. Er unterstreicht die „Notwendigkeit einer milden Frustration" und ein „sehr individuell und vorsichtig zu dosierendes Ausmaß an Versagungen" (Aufstand gegen die Tradition, Stuttgart 1972, 70).
[13] Vgl. H. Kundler (Hrsg.), Anatomie des Glücks. Köln 1971.
[14] R. Bleistein, Mystagogie in den Glauben: Katechetische Blätter 1973, 30–43.
[15] S. Hölzel, Freizeitpädagogik zwischen Gleichgültigkeit und Zwang. Neuwied 1971; O. Schricker u. a., Handbuch für Jugendreiseleiter. Düsseldorf 1968. – Umstritten sind die Probleme, die sich aus „emanzipatorischen Ferienlagern" ergeben. Vergleiche dazu die beiden Bücher: H. Hoffmann, Hvide Sande. Hamburg 1971; H. Hansen, Protokolle aus einem antiautoritären Ferienlager. München 1970. Interessant ist dabei, daß es sich in den Berichten um wortwörtlich gleiche Protokolle handelt, obgleich das eine Zeltlager in Dänemark, das andere in Holland stattfand!
[16] H. Opaschewski, Freizeitberater. Plädoyer für ein neues Berufsbild: Deutsche Jugend 19 (1971) 521–529; W. Becker, Reiseleiter und Freizeitpädagoge – ein neuer Beruf oder nur ein Modejob: Die Welt vom 21. 10. 1972.

II. SITUATIONEN UND WEISUNGEN

[1] G. Volk, Entspannung, Sammlung, Meditation. Mainz ²1970; M. Cavin, Atmen, Entspannen, Konzentration. Zürich ²1966; B. Stockvis/E. Wiesenhütter, Der Mensch in der Entspannung. Stuttgart 1961; J. H. Schultz, Das autogene Training. Stuttgart 1959. Hilfen aus Yoga und Zen: H. Dumoulin, Zen – Geschichte und Gestalt. Bern 1959; ders., Östliche Meditation und christliche Mystik. Freiburg 1966; H. Enomiya-Lassalle, Zen – Weg zur Erleuchtung. Wien ³1969; ders., Zen-Buddhismus. Köln 1966; ders., Zen – Meditation für Christen. Weilheim 1969; J. Fuchs, A. Harf, Meditieren im Alltag. Friedburg 1969; H. Fortmann, Der Weg zum Selbst. Düsseldorf 1971. U. von Mangoldt, Yoga – heute. Weilheim 1971.
[2] Regnet es, kann auch das Betrachten einer Fotozeitschrift, eines der vielen und bunten Bücher über die Alpen, das Meer, die Tierwelt usw. einen Ersatz bieten. Bildbände sind also auch in dieser Hinsicht wertvoll: zum Schauenlernen.
[3] Vgl. auch die Texte, die in dieser Hinsicht Anstöße geben: O. Betz, Die Welt meditieren. München 1966; ders., Das Leben meditieren. München 1970. Zum Problem: Ph. Dessauer, Die naturale Meditation. München 1961.
[4] Dieses Staunen erweist sich auch als gültige religionspädagogische Methode, vgl. K. Tilmann, Staunen und Erfahren als Wege zu Gott. Zürich 1968.
[5] Tiefer in die Werbepsychologie führen: V. A. Packard, Die geheimen Verführer. Düsseldorf 1958; E. Dichter, Strategie im Reich der Wünsche. Düsseldorf 1961.
[6] Ein Tagungsbericht des „Engadiner Kollegiums" trägt den Titel „Über Tod und Freizeit" (Editio Academica Zürich 1972). Der letzte Beitrag in diesem Buch von

W. Form/Chur heißt: Tod und Freizeit in theologischer Sicht. Beide Wirklichkeiten haben mehr miteinander zu tun, als der provozierende Titel ahnen läßt.

7 Märchenbücher gibt es preiswert in allen Taschenbuchreihen, zumal von Märchen aus fremden Ländern. Die „Grimms Märchen" wurden in den „Ravensburger Taschenbüchern" (Nr. 211, 212) 1972 herausgegeben, mit Zeichnungen von Ludwig Richter.

8 Text aus: Joachim Ringelnatz, Und auf einmal steht es neben dir. Gesammelte Gedichte. Berlin 1968, 211–212. Vgl. zu anderen Gedichten: A. Knippenkötter, Freizeitbeschäftigung Gedicht. Düsseldorf 1972. – Die Hintergründigkeit der Welt lichten auf: K. Rahner, Alltägliche Dinge. Einsiedeln [8]1969; R. Guardini, Von heiligen Zeichen. Mainz 1927; J. B. Lotz, Meditation im Alltag. Frankfurt [3]1963.

9 Die Anregung zu dieser Übung stammt von Frau Dipl.-Psych. E. R. Zemmin (4293 Dingden, Landjugendakademie Klausenhof). Noch ein kritischer Text zu den „Wünschen" aus: Günter Eich, Die Mädchen aus Viterbo:
„Gabriele: Meine Wünsche sind mir sehr ernst.
Goldschmidt: Heb sie noch auf, Gabriele.
Gabriele: Bis sie vertrocknet sind. Ein Herbarium, um es in Kniebeuge dem lieben Gott zu überreichen. Sieh, wie tugendsam ich war, wie sparsam!" (G. Eich, Ein Lesebuch. Frankfurt 1972, 117.)

10 Zur Wertordnung der Primaner: H. Hartmann, Weltanschauliche Einstellungen heutiger Primaner. München 1969, 147.

11 Vgl. dazu auch: R. Guardini, Die Annahme seiner selbst. Würzburg 1960; ders., Die Lebensalter. Würzburg 1954.

12 Diese Übung ist mit dem Namen „Revision de vie" in die spirituelle Praxis eingegangen. Man kann sie auch gemeinsam machen (etwa ein Ehepaar miteinander). Psychologischen Background bietet: J. Herzog-Dürck, Die Arbeit der Seele. Hamburg 1972.

13 Vgl. dazu: H. Friedmann, Das Gemüt. Gedanken zu einer Thymologie. München 1956.

14 Auf Musikmeditationen weist auch K. Tilmann, Die Führung zur Meditation I. Zürich [2]1972, 194–195 ausdrücklich hin. Auch das gemeinsame Gespräch hilft, Meditation einzuüben und zu vollziehen.

15 Das Bild wurde entworfen nach: Ch. M. Schulz, Happiness. Ravensburg 1968. – Die „Gesetze des Glücks" wurden nach einem Text von Jörg Zink entworfen: Kommt das Glück aus der Retorte? in: Deutsche Zeitung vom 29. 9. 1972. Vgl. dazu auch: H. Kundler (Hrsg.), Anatomie des Glücks. Köln 1971. Anregungen zu der „Metaphermeditation" in: W. Erl, Methoden moderner Jugendarbeit I. Tübingen [4]1969, 55–58.

16 Anregungen und Hilfen für diese kleinen Künste bieten Bastel- und Werkbücher, wie sie in Fülle in jeder Buchhandlung angeboten werden.

17 Der Text ist entnommen aus: R. Bleistein, Die Kirche von gestern und die Jugend von heute? Würzburg 1972, 76–77; vgl. ders., Mystagogie in den Glauben: Kat. Blätt. 1973, 30–43. Ähnliche Texte bei K. Tilmann, Die Führung zur Meditation I, a. a. O. 328–340.

18 Die Übersetzung des Psalms stammt von Romano Guardini, Deutscher Psalter. München 1951, 46. Zu den Psalmen: N. Füglister, Das Psalmengebet. München 1965. Psalmenmeditationen oder Meditationen über die Bibel sind enthalten in: R. P. Merendino, Der unverfügbare Gott. Biblische Erwägungen zur Gottesfrage. Düsseldorf 1969; J. Bours, Wo bist du, Gott? Düsseldorf [2]1969; H. Rusche, Einübung in biblische Grundhaltungen. Düsseldorf 1966; E. Neuhäußler, Sehen und Glauben. Biblische Betrachtungen. Düsseldorf 1968.

[19] Das Bild ist entnommen aus: H. M. Rotermund, Graphik zur Bibel. Freiburg – Lahr 1966, Nr. 16 (Holzschnitt 20 × 20 cm, 1948). Andere Bücher zur Bildmeditation: A. Rosenberg, Christliche Bildmeditation. Stuttgart 1955; J. Riedel, Bildinterpretation. München 1969. Zu Bildmeditationen eignen sich auch gute Fotos, vgl. L. Rinser/O. Kettenberger, Nach seinem Bild. Würzburg 1970; dies., Ich weiß Deinen Namen. Würzburg 1971.

[20] Folgende Bücher eignen sich zum Beten: Jörg Zink, Wie wir beten können. Stuttgart [4]1970. Literatur zur Meditation: J. B. Lotz, Einüben ins Meditieren am Neuen Testament. Frankfurt 1965; H. Bremond, Das wesentliche Gebet. Regensburg [2]1939; U. von Mangoldt, Meditation und Kontemplation aus christlicher Tradition. Weilheim 1966; F. Melzer, Innerung – Wege und Stufen der Meditation. Kassel 1968; F. Moschner, Das christliche Gebetsleben. Freiburg 1948; H. U. von Balthasar, Das betrachtende Gebet. Einsiedeln 1965; O. Hanssen/R. Deichgräber, Leben heißt Sehen. Anleitung zur Meditation. Göttingen 1968; J. Sudbrack, Meditation: Theorie und Praxis. Würzburg 1971.

ROMAN BLEISTEIN

Tourismus-Pastoral

Situationen – Probleme – Modelle

Die Tourismusseelsorge wird für die Kirche mit der vermehrten Freizeit und dem wachsenden Wohlstand immer dringender. Weithin ist dieses Gebiet noch Neuland.
Das Handbuch der Tourismus-Pastoral zeigt auf, was bereits geschieht und soll Initiative wecken, damit dieser überaus wichtige Sektor der Seelsorge angegangen wird.

Ausgangspunkt des Bandes sind grundsätzliche pastoraltheologische und soziologische Überlegungen zum Tourismus. Sie reichen von einer Gegenwartsanalyse bis zu konkreten Imperativen einer Tourismuspastoral. Daran schließen sich kirchenamtliche Dokumente zu Tourismus und Urlaub an und eine Darstellung der Institute und Organisationen der Tourismusseelsorge.
Ein wichtiger und umfangreicher Teil des Buches bietet schließlich Modelle, an denen Kur- und Tourismusseelsorge beispielhaft in der Praxis gezeigt wird.

Echter-Verlag Würzburg